子どもの 笑顔 と
安定経営 が 両立 する

保育事業の始め方

髙橋晃雄 著

新紀元社

はじめに

　前作の『子どもの笑顔と安定経営が両立する　保育園の作り方』の初版から4年がたちました。この間に小規模保育や企業主導型保育といった新しい保育制度が次々に始まりました。これは、1947年に児童福祉法が制定されて認可保育所が始まって以来、実に70年ぶりの保育制度改革です。

　この改革で、自治体主導で、行政の遅いペースでしか開園できなかった保育所の制度が、新たな基準を満たしていれば誰もが保育施設を迅速に開園できるような仕組みに変わりました。また建設費や家賃も補助金の対象となるため、比較的少ない資金でも参入できるようになりました。さらに園児1人当たりの補助金も保育所並みのため、園児が集まりさえすれば安定経営が約束されます。

　前作では、この制度改革を見越して、先ず設立が容易な認可外保育施設を立ち上げて実績を作り、制度が始まったところで小規模保育認可を目指すという流れを示しました。そのために認可外保育施設の立ち上げ方、効率的な運営の仕方を解説し、認可外保育施設指導監督基準から具体的な保育園の運営に落とし込む考え方や、事故事例とリスク管理など、実践的な内容と必要な書式を収録しました。

　そしていよいよ新制度がスタートし、小規模保育の制度が始まりました。そして、待機児童解消のための小規模保育と並んで、企業の人手不足解消のために進められたのが保育の自由化、規制改革ともいえる企業主導型保育です。

　小規模保育と企業主導型保育は、理想の保育園を作りたいと思っていた保育士を始めとする人たちや、自社の従業員のための保育園作りや保育事業への参入を考えていた企業にとっては、70年ぶりのチャンスです。さらに我が国の少子化と人口減少を考慮すれば、保育事業に参入する最

後の機会かもしれません。

　認可外保育施設として運営していた本園（ラ・フェリーチェ保育園）も、2018年4月につくば市から小規模保育施設に認可され、2019年2月には、新設した認可外保育施設が企業主導型保育の助成対象となりました（p.97参照）。

　この本は、この保育制度改革をチャンスと捉え、理想とする保育園を作りたいと考えている個人や企業経営者に読んでほしいと考えて書きました。

　更には、高額な費用がかかるコンサルタントに任せるのではなく、理想の保育園を頭に描きながら自ら考え、苦労しながら作っていこうと考えている方に少しでもお力添えできるように具体的な事例を上げて書き進めました。

　小規模保育では、私が支援した40代女性が決断から1年間で都内に小規模保育施設を開園した事例（p.40参照）。企業主導型保育では、本園の例と他業種から新規参入した企業の事例（p.90参照）をもとに書き進めました。都内で小規模保育施設を作った女性は、保育士の経験もましてや起業の経験もありませんでした。私の前作の本を読んだことがきっかけとなって、保育園設立を決意し、法人を立ち上げるところから始めました。私は、知識や経験がなくても決意と的確なアドバイスがあれば、保育園開設は可能と考えて、月3万円で非常勤役員の業務委託契約を交わしました。支援方法は、主に電話やメールでのアドバイスと書式の提供です。物件探しや自治体との交渉は、彼女が自身で行いました。

　他業種から企業主導型保育に参入した事例では、経営者に国の補助金事業申請の経験があったことから保育施設の設計、補助金申請、建設まではとんとん拍子に進んでいきました。しかし、保育園の運営について悩みを抱え、たまたま本園と付き合いのある食材業者に相談したことがきっかけとなり、私と保育園経営に関するコンサルタント契約を結ぶことになりました。この企業は、自身の保育園が軌道にのったところで、

地域の有力者に働きかけ、共同で90名規模の保育施設開設に乗り出しています。

　ちなみに私が行っている保育施設立ち上げ支援では、提供したノウハウや書式を自社事業で活用することをすべて認めています。これは、子どもの安全と保育の質を担保しながら保育士負担を減らした本園の保育システムを多くの保育施設で活用してもらいたいという私の願いからきたものです。

　こうした支援事業を通して感じることは、保育園は、コンサルタント任せにするのではなく、個人の場合は自分で、企業の場合は自社でできることはすべて自分で行うことの大切さです。書類作成や自治体の担当者との打ち合わせの中で、今後の保育園経営に必要な様々な気付きがあり、イメージが固まっていきます。この作業が保育園経営者に必要な知識と自信を与えてくれるのです。

　本書は、単なる保育園作りのノウハウ本ではありません。手数料はかかりますが、申請や運営に使える書式データの提供を受けられる実用書です。また保育園作りを検討している個人や企業が無料で本園の見学と相談ができるパスポートでもあります。

2018年5月　髙橋晃雄

目次

● はじめに

第1章　保育園を立ち上げようと思った時に知っておくべきこと　9

- 保育施設の種類 ……………………………………………………… 10
- 待機児童と小規模保育 ……………………………………………… 13
- 小規模保育施設の現状 ……………………………………………… 14
- 3歳の壁 ……………………………………………………………… 14
- 企業主導型保育とは ………………………………………………… 15
- 企業主導型保育の目的 ……………………………………………… 16
- 増えてきた企業主導型保育 ………………………………………… 17
- 保育施設と補助金 …………………………………………………… 17
- 補助金の種類と金額の差 …………………………………………… 18
- 地域区分 ……………………………………………………………… 20
- 地方自治体の力と保育施設 ………………………………………… 21
- 保育施設も競争の時代へ …………………………………………… 22
- 小規模保育と企業主導型保育のどちらをとるか ………………… 24

第2章　実例から見る小規模保育　25

- 小規模保育とは ……………………………………………………… 26
  - 小規模保育のタイプについて …………………………………… 27
  - 施設の定員 ………………………………………………………… 28
  - 自園調理について ………………………………………………… 29
  - 小規模保育施設の設備に必要なもの …………………………… 30
- 小規模保育のメリットデメリット ………………………………… 34
  - 立地のメリットデメリット ……………………………………… 34
  - 保育の質のメリットデメリット ………………………………… 35
  - 事業としてのメリットデメリット ……………………………… 36
- 小規模保育事業の人件費 …………………………………………… 37
- 小規模保育施設における立地の重要性 …………………………… 39
- 体験談1　東京都で小規模保育を始める ………………………… 40
  - 起業のきっかけ …………………………………………………… 40
  - 始めにしたこと …………………………………………………… 41
  - 応募のための物件を探す ………………………………………… 42
  - 物件情報が出てくるまで ………………………………………… 43
  - 地域住民の同意 …………………………………………………… 44
  - 避難路 ……………………………………………………………… 45

5

代替地としての公園の問題 …………………………………… 47
　　　その他の制限 ………………………………………………… 49
　　　立地と優先順位 ……………………………………………… 50
　　　その後の申請など …………………………………………… 51
　　　資金計画について …………………………………………… 51
　　　保育士を確保するには ……………………………………… 53
　●応募申請の具体的なタイムスケジュール ………………………… 54
　●小規模保育の申請書類 ……………………………………………… 57
　●小規模保育の開園を相談するには ………………………………… 58
　●地方自治体と小規模保育の関係 …………………………………… 60
　●小規模保育施設の工事 ……………………………………………… 61
　●小規模保育の応募要件 ……………………………………………… 63

第3章　実例から見る企業主導型保育　65

　●企業主導型保育とは ………………………………………………… 66
　　　企業主導型保育の事業者について ………………………… 67
　　　企業主導型保育の利用者について ………………………… 68
　　　地域枠とは …………………………………………………… 69
　　　企業主導型保育の年齢はどうすべきか …………………… 71
　　　事業所内保育施設との違い ………………………………… 72
　　　これまでの認可外保育施設との違い ……………………… 72
　　　企業主導型の補助金 ………………………………………… 74
　　　企業主導型の保育料 ………………………………………… 76
　●企業主導型保育のメリットデメリット …………………………… 78
　　　企業主導型保育のデメリット1　方針の変化 …………… 78
　　　企業主導型保育のデメリット2　読めない申請許可 …… 79
　　　企業主導型保育のメリット1　立ち上げ期間 …………… 80
　　　企業主導型保育のメリット2　多彩な戦略 ……………… 81
　　　利用者のメリットデメリット ……………………………… 82
　●企業主導型保育の気を付けるべき事 ……………………………… 83
　●企業主導型保育の問題 ……………………………………………… 85
　●企業主導型保育の人材不足 ………………………………………… 87
　●企業主導型保育の将来性 …………………………………………… 89
　●体験談2　茨城県で企業主導型保育を始める …………………… 90
　　　起業のきっかけ ……………………………………………… 90
　　　運営の問題 …………………………………………………… 90
　　　保育事業への準備 …………………………………………… 92
　　　資金調達 ……………………………………………………… 92
　　　企業との契約 ………………………………………………… 93
　　　子どもが居着かない ………………………………………… 94
　　　企業主導型を始める際に考えること ……………………… 96
　●体験談3　小規模保育と企業主導型保育の併用 ………………… 97
　　　私が小規模保育を始めるまで ……………………………… 97

- 3歳の壁 ……………………………………………………………… 98
- 企業主導型保育という選択 ……………………………………… 98
- 企業主導型保育の申請 …………………………………………… 99
- 平面図は一級建築士に …………………………………………… 100
- 企業主導型はいつになるかわからない ………………………… 102
- 企業主導型の契約 ………………………………………………… 103
- ラ・フェリーチェ保育園の特性 ………………………………… 105
- ●保育の価格破壊 ……………………………………………………… 106
- ●企業主導型保育が増えている理由 ………………………………… 108
- ●企業主導型保育の申請手順と書類解説 …………………………… 109

第4章 保育士が辞めない保育園作り 113

- ●離職率を下げることがなぜ必要か ………………………………… 114
- ●収入と離職率 ………………………………………………………… 116
  - 処遇改善加算 ……………………………………………………… 116
  - 地方自治体による補助 …………………………………………… 118
  - 経営努力 …………………………………………………………… 118
- ●労働内容と離職率 …………………………………………………… 120
- ●ローテーション ……………………………………………………… 122
- ●対人関係と離職率 …………………………………………………… 125
- ●リスク管理と離職率 ………………………………………………… 126
- ●管理者の責任 ………………………………………………………… 130
- ●現場を改善するには ………………………………………………… 131
- ●保育士の就職事情 …………………………………………………… 132
- ●アクションとリアクション ………………………………………… 133
- ●保育士の男女の差 …………………………………………………… 134

資料 135

- ●資料 …………………………………………………………………… 138
  - 収録資料について ………………………………………………… 138
  - 書式、見学などについて ………………………………………… 138
- ●収録資料一覧 ………………………………………………………… 139
- ●あとがき ……………………………………………………………… 198

第1章

保育園を立ち上げよう と思った時に 知っておくべきこと

第 1 章

保育園を立ち上げようと思った時に知っておくべきこと

保育施設の種類

　小学校入学前の子どもを預かる保育施設を経営しようと考えた際に、まず考えなければいけないことは、「どこに」「どのような」保育施設を作るのか、ということです。それらを考えていくためには、保育施設の種類を知る必要があります。

　保育施設には、地方自治体が運営する公立の施設と、民間が運営する私立の施設があります。私立の保育施設には、国や地方自治体から補助金を得て経営していく施設と、補助金をもらわずに経営していく施設があります。一般的に前者は「認可保育施設」、後者は「認可外保育施設」とよばれます。

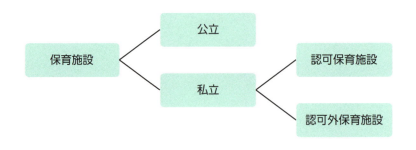

　認可保育施設は、面積や保育士の数などの条件をクリアし、国や地方

自治体に申請して認められれば補助金を得られますが、保育料や利用者は地方自治体が決めます。認可外保育施設は、地方自治体に届出を出して、基準に沿って運営し、監査を受けなければいけませんが、補助金は出ず、保育料や利用者は施設が決めることができます。

認可保育施設と認可外保育施設の大きな違いは、利用者が支払う保育料の金額です。認可保育施設は補助金を得ているため、一般に認可外保育施設より保育料が安くなります。同じような施設であった場合、利用者は当然安い方を選びます。また、認可保育施設の認可基準は、認可外保育施設の運営基準よりも厳しいため、「認可」という、いわば公の機関の品質保証が付いた形になります。利用者としても、安心な施設となるのです。

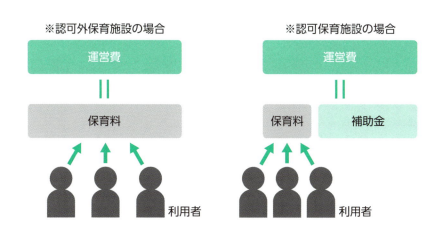

この認可保育施設と認可外保育施設の在り方は、平成24年8月に成立（平成27年4月施行）した「子ども・子育て支援新制度」（以下新制度とします）によって、大きく変わりました。まずはこの新制度によって変わった現在の状況を説明していきます。

現在、認可保育施設には、都道府県が認可し、保育給付金などの予算を出している「幼稚園」「認定こども園」「保育所」と、市町村などが認

可し、予算を出している「地域型保育」があります。地域型保育には、いくつかの種類がありますが、新たに保育事業を始める場合は、この中の「小規模保育」がターゲットとして考えられます。詳しくは、この後で説明していきます。

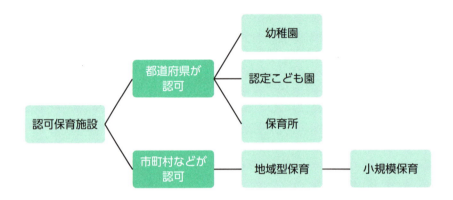

また、認可外保育施設には、新制度によって新たに「企業主導型保育」というカテゴリが生まれました。

企業主導型保育は、厚生年金内の「子ども・子育て拠出金」を財源とし、公益財団法人児童育成協会（以下「児童育成協会」とします）が条件に合う保育施設に補助金を出す仕組みです。（企業主導型保育では「助成金」といわれますが、本書では「補助金」で統一します）この企業主導型保育も、新たな保育事業の選択肢として考えられます。

本書では、保育事業の起業を考えている方のために、この小規模保育と企業主導型保育について、実際に起業された方の事例を交えて、それぞれのメリットデメリット、将来の見込みなどを解説していきます。

待機児童と小規模保育

　近年、保育施設の問題として大きくとりあげられるようになったのが、保育施設に入りたくても入れない待機児童です。この待機児童対策として新制度で作られたのが「地域型保育」なのです。地域型保育は小規模保育施設（6人以上19人以下）や、家庭的保育（5人以下）、1対1の訪問型など、今までの数十人集めるような保育所とは違った、人数の少ない保育のシステムです。こういった小回りの利く仕組みを地域の実情に応じて柔軟に運用していくことで、それぞれの地域に合わせた保育をやっていこうという試みです。

　地域型保育の中でも中心的に議論されていたのが「小規模保育」です。新制度以前は、認可されるためには、敷地も広く、多数の人員を雇用できる大規模な施設が必要でした。「小規模保育」はそれよりも小さく、人数も少ない保育施設も認可の対象とし、補助金を得られるようにすることで数を増やし、待機児童の受け皿としようというのが骨子です。

　「待機児童同解消のため」「従来の施設ではカバーしきれなかった範囲」という区分を明確にするため、保育するのは待機児童が多い0歳から2歳までで、3歳以上は原則として保育所や幼稚園といったこれまでの施設を利用すること、定員も全年齢を合わせて19人まで（従来の保育所は定員20人以上）という、利用者としては少々使い勝手の悪いシステムになってしまいました。確かに、待機児童の多くが0歳から2歳までで、3歳以降はどの地域でも待機児童はほぼいない状況なので、実情に合っているといえば合っています。

小規模保育施設の現状

　しかし、前述のように、小回りの利く小さな保育施設の数を増やすことで、待機児童の受け皿を増やす施策だったはずなのですが、現状として小規模保育を新たに始めるのはかなり難しくなっています。

　なぜかというと、条件が厳しいためです。今までこういった小規模な保育施設は認可外保育施設として運営されていたものが多かったのですが、認可外保育施設の基準であれば、ビルの1室やちょっとした空き物件などでも十分始めることが可能でした。それが新制度の認可を受けられる小規模保育施設を作ろうとした場合、避難路などの消防法的な条件や、調理室や医務室を備えなければならないなどの施設的な条件が厳しく、やろうとしても条件に合う空きテナントがほとんどないということになってしまいました。それらの条件はもちろん、地域によって違いますが、待機児童の多いところほど人が多く、いい物件はなかなか空いていない、という全体的な傾向はあります。

　ただ、条件に合う物件があれば、ライバルが少ないということでもありますので、小規模保育のメリット（p.34参照）を最大限に生かした保育園作りをすることで、十分競争力のある施設を運営していけるでしょう。

3歳の壁

　また、小規模保育施設では、0～2歳までしか子どもを預かれません。では、3歳以上はどうするのか。新制度上では、地域の保育所や幼稚園を「連携施設」として設定し、卒園後はその施設に入ることになっています。ですが、現状は保育所や幼稚園を運営している法人などが小規模

保育を運営しているケース以外で、連携施設を設定している小規模保育施設は少数です。

なぜならば、受け入れ先の連携施設側にメリットがないためです。利用者は、連携施設があってもなくても、3歳になった時に再度市役所などに申し込みます。連携施設があれば優先的に入れるのですが、場所や開所時間の都合上、連携施設以外を選択したいこともあります。受け入れ先の施設は、連携した場合3歳児の枠をその人数分空けておかなければいけないのですが、利用者が希望しなければ、確保していた枠が空き枠となってしまいます。

そのため、実際には連携施設を設定せず、入所申し込みの際に、優先順位付けの点数を加点することで、それぞれが希望する先に入れるようにするというやり方が行われています。

その際の希望の通りやすさは地域によって違ってきますが、利用者としては少なからず不安があるため、0〜5歳まで通して預けられる既存の保育所に行ける場合は、そちらを優先する傾向にあるようです。

企業主導型保育とは

また、小規模保育施設や保育所を利用するためには、働いているなどで日中保育できない状態であることが条件になっているのですが、仕事は決まったものの保育園は決まらない、という状況にするわけにもいかないため、子どもが保育園に入れないと仕事が探せないという、ニワトリが先か卵が先かという問題にもなっています。この意味で、保育施設の入所条件と就労活動とはミスマッチがあったのです。

そこをなんとかしていこうと新たに設けられたのが企業主導型保育（p.12参照）です。

補助金の金額は認可保育施設と同じぐらい手厚いうえ、施設の基準は

認可外保育施設の基準でいいためかなり作りやすく、今とても増えてきています。

　企業主導型保育は、企業の持つ土地や建物を使えるという立地に有利な条件もあります。職場と保育施設を近くできるというメリットの他に、余っている物件の活用や、住宅地から離れた工業団地の中や自社ビルの中にも作れるので、周辺住人とのトラブル（p.44参照）も起こりづらいというメリットもあります。

企業主導型保育の目的

　企業主導型の保育施設は、平成29年度12月31日現在で2,016施設、定員47,032人分の助成が決定しており、平成30年2月1日の補正予算案で新たに2万人分の予算が認められました。新制度のウェブサイトでも、大きく事業者を募集するなど、かなり積極的に進められています。このことから、国の保育施設に対する補助の目的が、"待機児童の解消"から"企業の人材不足の解消"にシフトしてきているということがいえると思います。

　大きな話になりますが、少子化のために人口が減ってきている日本は、労働力不足を補う手段として移民を積極的に招く移民政策をとっていません。ではどうするかというと、高齢者や子育て期の女性など、これまで労働力とみなされていなかった層も働き手として採用していくという、いわば総力戦ともいうべき方向に向かっています。その時に、企業や働く人にとって使いやすい保育施設として、この企業主導型保育が増えているのです。

　しかし、企業主導型保育のデメリットがないわけではありません。それについては、3章で詳しく説明（p.78参照）します。

増えてきた企業主導型保育

　私の前作『子どもの笑顔と安定経営が両立する　保育園の作り方』（以下『保育園の作り方』）では、私の経験から得た認可外保育施設の効率的な運営とそのために必要な書式、またその当時始まろうとしていた新制度を踏まえた「認可外保育施設指導監督基準」の解説を収録しました。また、各種書式については希望があればデータを販売するという形で出版しました。その結果、2014年の出版から、毎年多数のお問い合わせやご連絡を頂いております。

　ご連絡を頂いたのは、個人で小規模保育を始めたいという方、現在認可外保育施設をやっていて、小規模保育に移行したいと考えている方など様々ですが、2016年に企業主導型保育事業が始まってからは、企業主導型の保育施設を始めたい、すでに始めることは決定しているけれども書式がない、書式がわからない、という企業の方にお問い合わせを頂くことが多くなりました。

　そういった企業では、求人難を解消するための方策として、あるいは新事業の一環として保育事業を考えています。今までに保育施設を運営したことがない企業がほとんどであり、運営のノウハウや利用者のニーズ、前提となる保育施設にふさわしい建物作りなど様々な面で問題に直面し、試行錯誤している段階です。しかし、それらが一通り解決され、ノウハウが蓄積されていけば、間違いなく今までの保育施設と並んで選択肢の1つとして定着し、高い競争力を発揮できるでしょう。

保育施設と補助金

　この企業主導型を含め、公の機関から補助金の出る保育事業は3つの

タイプがあります。一度まとめておきます。

1つめは、都道府県から補助金の出る「幼稚園」「認定こども園」「保育所」です。これらは、規模が大きく、事業者の条件も厳しくなっているため、新規に開園するには相当の資金が必要になります。

2つめは、市町村などから補助金の出る「地域型保育」です。「小規模保育」はここに含まれます。

3つめは公益財団法人児童育成協会からの補助金を得る「企業主導型保育」です。

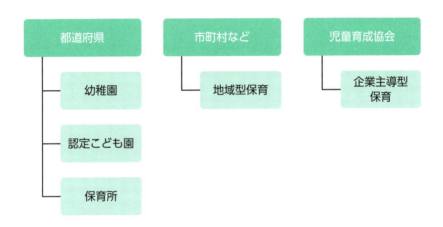

この中で、1つめは必要な準備資金の問題から、個人や企業で新規参入を考えている場合、かなりリスクが高くなります。そうすると、新規に保育事業を立ち上げようと考えた場合、選択肢として挙げられるのは、「小規模保育」か「企業主導型保育」となってきます。

補助金の種類と金額の差

小規模保育でも企業主導型保育でも、補助金は大きく分けて2種類あ

ります。施設を建てる際の費用を補助する施設設備費と、運営にかかる費用を補助する運営費です。

施設設備費は（1）創設、（2）大規模修繕等、（3）増築、（4）増改築、（5）増改築の際にかかる費用が対象となり、土地、建物の買収や職員の宿舎などの費用は対象となりません。

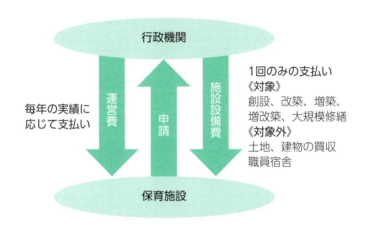

運営費は、子ども1人当たりいくら、という形で算出され、地域、施設の開所時間、施設の定員、子どもの年齢、保育士比率によって金額が変わってきます。この運営費が月々振り込まれ、この中から家賃、人件費、その他運営に関わる諸経費を払っていきます。

地域以外の各要素の区分と金額の多寡は以下の通りです。

・施設の開所時間

1日13時間／週7日	高
1日13時間／週7日未満	↕
1日11時間／週7日	
1日11時間／週7日未満	低

・施設の定員

6～12人	高
13人～19人	↑
20人～30人	
31人～40人	
41人～50人	↓
51人～60人	
61人～	低

・子どもの年齢

乳児	高
1、2歳児	↑↓
3歳児	
4歳以上児	低

・保育士比率

100%	高
75%	↑↓
50%	低

　運営費はこれを基本として、延長保育をしたり、夜間保育や病児保育をしたりすると加算されていきます。

地域区分

　地域による補助金の差については、小規模保育でも、企業主導型保育でも同じく地域区分という表に沿って決められています。地域区分は企業主導型保育の実施要項など、公開されている資料で確認することができます。

地域区分は、全国の市町村を、3／100地域、6／100地域、10／100地域……と分けていき、分子が大きいほど補助金が加算されていきます。分子がつかない「その他地域」から、最高で20／100地域まであり、20／100地域は東京都23区です。これは地域によって施設の土地代などの運営経費も、保育士を始めとする職員の人件費も変わってくるためです。職員も、家賃や物価の高いところでは、それなりの給料をもらえないと、生活していけません。

　どのぐらいの差があるのかというと、企業主導型保育の場合、20／100地域では、子ども1人当たりの補助金が月額366,260円（開所13時間7日未満／乳児／定員6～12人／保育士率100％の場合）のところが、16／100地域だと月額361,400円、一番安い「その他地域」では月額318,650円となります。

地方自治体の力と保育施設

　このように、保育施設をどこに設置するのかで、運営費は大幅に変わってきます。また、地方自治体が独自に保育士や保育施設に補助金を出す制度もあります。茨城県ではつくば市が初めて、平成29年度から保育士1人ずつに月額3万円の補助金を出す制度を始めました。平成30年度は、その隣の牛久市でも、保育士への独自の補助金制度を始めました。

　公に定められている地域区分に加えて、こういった地方自治体独自の制度も始められるとなると、当然地域間の競争になってきます。私が園長を務めるラ・フェリーチェ保育園でも、半分以上の保育士はつくば市外から通ってきています。同じ仕事をして、多い金額をもらえるのであれば、当然の結果です。

　そうすると、どこの地域で保育施設を始めるのか、ということが非常に重要になってきます。同じ内容の施設を考えていても、そういった補助金が出せる財政力がある地方自治体であれば、運営に余裕が出て、保

育の質も上がってくるからです。利用者は、そういった情報に敏感です。保育施設を探す利用者は、できるだけいい環境を子どもに与えることを考え、住む場所を選びます。結果として子育て世代がいい保育施設のある地域に集まってくることになり、地域の力も増え、子育て支援も手厚くなり……といういい循環が生まれ、5年10年先も、子どもがいなくならない地域になっていくことが期待できるのです。

　財政力は田舎だから、都会だからということではなく、その地域の中に産業がどれだけあるか、ということになると思います。例えば、都内に近くても工場も農地もなく、未開発地域が多ければ、当然財政力は弱くなります。本園のあるつくば市は、工場や研究機関、粒子加速器のような価値の高い建物があります。同じ茨城県でいえば、東海村は原子力関係の機関があり、その補助金で財政に余裕があります。

保育施設も競争の時代へ

　こういった地域間の「保育力」とでもいうべき力の競争、ひいては子育て世代の獲得競争が始まっており、また保育施設を補助する様々な政策が動いていることで、一見、今は保育施設を始めるのに非常にいい時期のように思えます。

　しかし、日本の人口は全体的に減ってきているので、すべての地域で遠からず待機児童は解消されます。例えば、2050年ぐらいまでには小中学校は現在の3分の1になるという話もあります。その前段階である保育施設も同様になるでしょう。

　その場合、今は待機児童がいる地域でも、ある日ふっと待機児童がいなくなるということが起こってきます。保育施設はほぼ今の状況がピークで、これからは過当競争の時代に入ってくると思います。それがどの地域でいつ始まるのかは、集合住宅が多いのか戸建てが多いのかなど、

その地域の特性で変わってきます。例えば、集合賃貸住宅が多いところはゆるやかに変化していきますし、戸建てが多いところ、特に同時期に一斉に建てられた住宅地のようなところでは、ある時期で一斉に子どもがいなくなります。

また、今回の企業主導型保育の導入は、これまで規制の強かった保育業界の市場開放といえます。酒や米も、昔は一部の店舗でしか扱えず、値段が決まっていました。ところが、その規制が撤廃され、コンビニやスーパーでも扱えるようになり、値引き競争が起こった結果、昔ながらの店舗は姿を消していきました。

同じことが、保育の業界でも起こってくると考えられます。子どもが少なくなってくる5年10年先には、地域間の競争、保育施設間の競争はますます激しくなり、立地が悪かったり、体力がなかったりする保育施設は運営がかなり苦しくなっていくでしょう。

逆に考えれば、やれるうちだけやる、という考え方もできます。特に企業主導型は、もともと人手不足の解消にしろ、運営費による利益にしろ、それが利益になるという企業の考え方から保育施設を立ち上げています。そうすると、子どもの数が減ってきて利益が確保できないのであれば、やめてしまうという判断も出てきて当然だと思います。

保育所は、もともと地域の福祉の一環として設置されているので、廃園となれば、学校が廃校になるようなものです。その際は、地域において大きな問題になり、議会でとりあげられたり、市民の声が出たり、やめるにやめられない状況も考えられます。ところが企業が任意に経営している施設であれば、議会で問題になることもなく、やめやすいのかもしれません。

新規に保育事業を始めようと考えた場合、そのことを十分考慮し、待機児童が解消される5年10年先にも生き残っていく施設を目指すのか、あるいは、企業の福利厚生としての役割に重きを置くのか、そのあたりのことを立ち上げから意識していく必要があるでしょう。

小規模保育と企業主導型保育のどちらをとるか

　前作『保育園の作り方』を読んでご連絡を頂いた、保育園をやろうと考える方には、大きく分けて2つのタイプが混在していました。

　1つは、「保育園をやりたい」という個人や企業の方。もう1つは、「自分の企業の従業員確保や福利厚生のために保育園をやる」という方です。

　小規模保育と企業主導型保育、どちらを選ぶかは、保育園に何を求めるのか、その根本的なところへの返答によるでしょう。

　なんのために保育園を立ち上げようとするのか、その目的に合わせた保育園の形を選んでいくことが大切です。

　新制度により、保育事業の選択肢は増えました。これまでは、認可保育施設にしろ、認可外保育施設にしろ、企業が保育園を作るうえでの目的は、「保育事業をやるため」でした。自分の企業の従業員を入れようと思っても、地域の保育所の条件をクリアしなければ作れない、利用できないという状況は、人手不足の解消や、従業員の福利厚生にはつながりづらいものでした。

　それが今回の企業主導型保育は「自社の従業員のため」というのが主たる目的であって、地域からの子どもの受け入れは、あくまで空きがあれば、という二次的なものであるということが今までとは違うところです。

　会社のために保育園を必要とするならば企業主導型保育です。時間も、場所も、保育料も、会社の現状に沿った、働く人が使いやすい、満足できる保育園が作れる可能性が高いです。

　しかし、企業経営をやっていない、保育園をやりたいから始める人にとっては、企業主導型保育という形での参入は難しいでしょう。企業主導型保育でしかなし得ない内容で保育施設を立ち上げたいのでなければ、利用者の確保にある程度の保証ができる小規模保育をやっていくのがセオリーになってくると思います。

第2章

実例から見る小規模保育

第 2 章
実例から見る小規模保育

小規模保育とは

　小規模保育は、「子ども・子育て支援新制度（以下新制度）」のもとで、市町村などが定めた条件を満たし、認可を受けて補助金を得て、保育施設を経営する事業です。

　その主な条件は以下の通りです。

項目	条件
施設の定員制限	全年齢を合わせて6人以上19人以下
子どもの年齢	0〜2歳以下
保育室の大きさ	0歳、1歳は1人当たり3.3m^2 2歳は1人当たり1.98m^2
園庭の大きさ	子ども1人当たり3.3m^2 設置できない場合は付近の公園でも可
給食	基本的に自園調理
利用者の制限	家庭で保育できない事情があると市町村などが認めた利用者
保育料	市町村などが定める。親の収入より変化
施設の申し込み	市町村などに希望を提出して振り分け
保育を行う人員	A型　保育士のみ B型　保育士（半数以上）＋保育従事者 C型　家庭的保育者
職員数	0歳児　子ども3人に対して1人 1、2歳児　子ども6人に対して1人
定められた開園時間	月曜日〜土曜日 1日当たり11時間以上

小規模保育のタイプについて

　小規模保育にはA型、B型、C型がありますが、一般的な小規模保育はA型かB型のどちらかになります。A型とB型の主な違いは、保育する職員における保育士の割合です。A型は子どもの世話に従事する職員が全員保育士であるパターン、B型は半分以上が保育士であるパターンです。

　現在、小規模保育を行っている施設に関してはほぼA型です。市町村などへの申し込みはA型とB型どちらでもできますが、A型が優先されることと、市町村などから給付される補助金も、保育士の人数によって金額に差が出るためです。

　A型が優先されるのは、保育の質の確保という面でも当然ですが、市町村などが認可する上で、何か問題が起こった際に「保育士でない人員を認可したから」という責任を回避したい、という思惑もあるのではないかと思います。

　また、人材確保の面でも、A型の方がやりやすくなります。B型の場合は、保育士でない職員が子どもの保育に携わる場合、定められた研修を受け、「子育て支援員」の資格を取得しなければなりません。しかし、この研修を受けた人材が少ないのです。

　研修は企業などが請け負う場合もありますが、基本的には都道府県が主催し、20時間の講習と2日間の見学が必要になります。ですが、この講習は回数が少なく、必要時間数が多いため、働きながら受けるのは難しい面もあります。そのため、「子育て支援員」の資格を持つ人を募集するより、保育士を募集した方が早いのです。

　あえてB型を選ぶメリットとしては、外国語など特殊なスキルを持つ人を「子育て支援員」の形で雇用し、他の施設とは違う特色を持たせられるという点があります。

施設の定員

　小規模保育の定員は、0〜2歳で19人以下が基本です。しかし、市町村などによって、人数や年齢制限に特例が認められている場合もあります。

　例えば、2017年の練馬区では、A型及びB型については、面積と職員数の基準を満たしていれば、22人まで定員を増やすことができるとしています。

　また、年齢を2歳までに限らないこともあります。ですが、その場合も施設全体の定員は変わりません。また、定員は施設に対して設定するだけでなく、年齢ごとにも設定する必要があります。このとき、例えば2歳の定員が5人、3歳の定員が2人のように、上の年齢の定員より下の年齢の定員が多いと、年齢が上がった時に残れない子どもが出てしまいます。つまり、具体的な各年齢の定員の例は下の表のようになります。

×例

0歳	1歳	2歳	3歳	4歳	5歳	合計
3人	5人	5人	2人	2人	2人	19人

○例

0歳	1歳	2歳	3歳	4歳	5歳	合計
3人	3人	3人	3人	3人	3人	18人

○例

0歳	1歳	2歳	3歳	4歳	5歳	合計
2人	3人	3人	3人	4人	4人	19人

　定員が設定されているため、その年度に4歳や5歳の子がいないからといって、その分下の年齢の子を多く預かれるわけではありません。また、

3歳以降は幼稚園など他の受け皿も増えるため、わざわざ大きくなってから小規模保育を希望することは少なくなってきます。そうすると、3〜5歳の定員を設けても充足できず、運営が厳しくなる可能性もあります。そのため、結果的に小規模保育では3歳以上の定員を設定するところはほとんどなくなってきます。

3歳以降の定員を設定しなくても、3歳以降希望者だけ特例で残れることもあるのですが、それは近くの保育施設に空きがない、もしくは離島などでそもそも保育施設がないといった特別な場合のみです。

自園調理について

小規模保育では、基本的に給食は自園調理することが義務付けられています。また、そのための調理室を設けなければなりません。

これには特例があり、同一の事業者のやっている保育所や高齢福祉施設内で調理されたものであれば、運んでくることは認められています。最近では、小規模保育施設を複数展開する事業者や、保育所が小規模保育施設を始める場合などもあり、そういった場合であれば、必ずしも調理室を備えなくてもいいのです。

ただ、現実的には距離の問題などもありますので、自前の調理室で調理することがほとんどです。

また、0歳から2歳までについては、給食費を親から請求してはいけないことになっています。補助金の中に食事代も入っているからです。

調理そのものは自園でしなくてはなりませんが、そういった保育施設向けにレシピと食材を提供する会社などもあるので、うまく活用していけば、職員の負担も減らすことができます。

小規模保育施設の設備に必要なもの

その他、小規模保育施設ならではの設備には、以下のようなものがあります。この見取り図のサンプルはだいたい標準的な形で、0歳、1歳、2歳の定員が3人、8人、8人を想定しています。

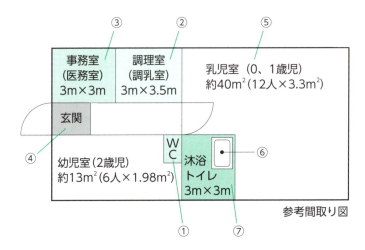

参考間取り図

①トイレの便器は20人で1つ以上となっていますが、実際それでは足りないと思われます。0～1歳はあまり使いませんが、子ども用の便器が2つと大人用1つぐらいが必要になります。

②調理室には、ダブルシンクが必要です。これは食品を提供する施設の調理室にはすべて求められます。コンビニでもなんでも、調理する場所は必ずシンクが2つなければいけません。食品と汚れ物を分けるなど、衛生上の配慮からです。保育施設の調理室にはこのダブルシンクと独立した手洗い器が必要です。大きさは小さくても構いません。小規模保育施設では、一般の家庭用のシンクを真ん中で仕切った程度の大きさのものが多く使われています。このダブルシンクはほとんど一般家庭用には売っておらず、業務用のものがスタンダードです。コンロは2口でも3口

でも構いません。

　また、調理室の面積は決まっていません。広いに越したことはないのですが、動きを考えて、狭くても効率的で使いやすいように作っていくことが大切です。例えば、昼食時に全員の食器をいっぺんに並べられる面積があれば一番効率的ですが、子どもによって量も変わってきますので、1歳分、2歳分と年齢ごとに並べられればいいなど、使い方はいろいろ考えられます。

③医務室を備える施設もあります。基準では20人以上からは必要で、20人以下の場合は必要ないとされています。しかし、都内の場合は小規模保育でも医務室を置くように指導されます。逆に事務室は施設内でなく、別の場所でもいいとされます。事務室に簡易ベッドを置き、医務室を兼用することも考えられますが、それだけのスペースがとれない場合は、事務室はよりも医務室を優先するよういわれることもあるので、そのあたりは申請の相談の際に、詳しく聞いておく必要があります。

④非常階段の場所、避難口の場所も要件が付けられる場合があります。非常時に0歳児がすぐに避難できるように、0歳児のスペースを避難口のなるべく近くにしてほしいなどです。こちらも、地域によって考え方が変わってきますので、相談するといいでしょう。

⑤保育室は、歩けない子どものためのほふく室と、それ以外の年齢のための保育室に必ず分けなければなりません。その他の年齢ごとの区切りについては、市町村などによっていろいろな考え方があります。1歳児と2歳児用スペースは分けなければいけない、分けなくてもいい、などそこは様々です。実務上は、1歳児と2歳児は分ける必要はありません。ただ、1歳児には3.3m²、2歳児には1.98m²が必要とされていますので、それぞれの定員を足して必要面積をかけた面積は必要になります。

◎ 例：0歳児3人、1歳児8人、2歳児8人の場合
0歳児用ほふく室→3.3m² × 3人 = 9.9m²
1，2歳児用保育室→3.3m² × 8人 + 1.98m² × 8人 = 42.24m²

また、棚やロッカー分の面積は保育スペースとしてはカウントされませんが、0歳児のスペースのうち、ベビーベッドは保育スペースとしてカウントされます。0歳児は床にいてもベビーベッドにいても同じという考え方なので、有効面積として計算されます。また、0歳児のスペースにも手洗いを付けてくださいというところもあります。子どもが移動しなくても食事やおやつの前に手を洗えるようになどです。

◎ 0歳児用スペースの面積の考え方
緑の面積が9.9m²以上

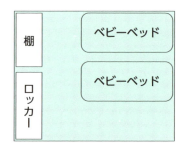

⑥沐浴施設も必ず必要です。それをどこに置くかについては、これといった決まりはありません。0歳児が使う頻度が高いため、そこから使いやすい場所に置かれることが多いです。購入費用は補助金で賄えますが、この沐浴施設は高額です。単に子どもが入れるぐらいの小さいシャワー付きバスタブなので、家庭用のシンクなどでも代用できそうなものですが、おそらく役所では専用のものを使うように指導されるのではないかと思います。立った子が使う子ども用シャワーブースもありますが、そちらはベビー用には使えません。

⑦洗濯機も必需品です。おむつ替え用のベビーベッドは必ずしも備える必要はなく、おむつ替え用のスペースがあれば問題ありません。ただ、おむつを替えている時に他の子どもが近づかないように区切られているといいでしょう。おむつや洗濯機、トイレなど汚れ物を扱う場所は1ヶ所に集められると理想的な形です。

　これらの施設は、十分面積があって、非常口などの形が法的に問題なければ、補助金で一から揃えることが十分可能です。

小規模保育のメリットデメリット

　小規模保育は、その名の通り小規模であるということが特徴です。これには、良い面と悪い面があります。小規模保育のメリットデメリットを、「立地」「保育の質」「事業」という3つの面から見ていきたいと思います。

立地のメリットデメリット

　立地、つまり保育施設を作る場所を選ぶ、ということにおいて、小規模保育のメリットは、物件の選択肢が多いことです。小規模保育に必要とされる面積は、子どもの数×3.3m^2（0〜1歳）か1.98m^2（2歳）の保育室に加えて、調理室、医務室、事務室などのスペースです。19人いっぱいの定員を考えても、だいたい100m^{2}ほどあれば、十分配置できます。実際には、マンションの1階の店舗部分や商業ビルの1室などで運営している施設が多く、独立した建物を持っている施設は稀です。

　マンションや店舗の空きテナントであれば、人の多い便利な場所、駅の近くなどに設置しやすくなります。こういった利便性が高い場所にあるということは、これからの少子化の時代に大きなメリットとなります。

　逆をいえば、そういった場所に作らないと、小規模保育の競争力を高めるのは難しいということでもあります。選択肢は多い一方で、既存の建物の空きスペースから、これはと思う物件が見つかるまでに時間がかかることもあります。一般の飲食店なら良くても保育施設には適さない場合もあり、帯に短したすきに長し、という複数の物件を前に頭を抱えることはよくあります。

　特に都内の場合は、東京都の条例によって、避難路に厳しい基準があり、それが最大の関門になっています。物件がないわけではないのです

が、2階や3階だと避難路の問題でほぼ使えません。敷地を確保して、一から建てる場合であれば、その問題に悩まされることはないわけです。

既存の建物を使える、逆にいえば使わざるを得ない、というのが立地のメリットでありデメリットとなります。

避難路など外の施設をクリアできれば、改装費用は補助金で賄えるため、中身はまったくの空でも問題なく作ることができます。

立地のメリット
・駅の近くや商業地など、利便性の高い場所に設置できる

立地のデメリット
・条件に合う場所を探すのが大変

保育の質のメリットデメリット

保育の質の部分では、大きな保育施設の場合、基本的には年齢によって子どもを見る保育士が変わってしまいますが、小規模保育は少人数のため、同じ保育士がずっと近くにいてくれるということが大きなメリットになります。

子どもは保育園に慣れるのではなく、保育士に慣れるものです。保育士が変わった場合、子どもが新しい保育士に慣れるまでにストレスがかかり、プログラムの進行度も遅れることになります。端的にいえば、保育の質が下がるのです。

小規模保育では、人数の関係から、すべての保育士がすべての子どもに関わるような形になるので、特に小さい子どもにとっては大きなメリットになります。また、毎日朝と夕方に顔を合わせるお父さんお母さんにとっても、保育園に対する信用は、園全体というよりも保育士との信頼関係による部分が大きくなりますので、同じ保育士との交流が長く続くというのは、大いにプラスになります。

デメリットとしては、やはり3歳からの保育の部分です（p.14参照）。3歳以上の受け皿となる施設を契約する、連携施設という仕組みもありますが、全体の小規模保育施設の7割以上は連携施設がありません。なぜかというと、小規模保育施設との連携は、連携先にとってリスクはあるものの、プラスは何もないからです。また市町村なども、連携施設を作ることにさほど積極的ではありません。連携施設を決めなくても、小規模保育施設を卒園する子どもに優先順位付けの点数を加えることで希望の場所に入りやすくなるようにしており、現在のところ、大きな不満の声は上がっていない状況だからです。

　しかし、子どもにとっては3歳でまったくゼロからのスタートになります。小規模保育の密度の高い保育と、大きな保育所の雰囲気の違いに慣れるまでに時間がかかるところが、保育の質の面におけるデメリットといえます。

保育の質のメリット
・子どもが同じ保育士とずっと関わることができる

保育の質のデメリット
・3歳になった時に施設を移らなければならない

事業としてのメリットデメリット

　小規模保育にしても保育所にしても、認可を受けた保育施設の収入は、地方自治体からもらう補助金と、利用者からの保育料ですべてです。しかも、保育料を勝手に決めることはできません。これが保育事業の大きなメリットでもありデメリットでもあるところです。要するに、必ず安定した収入はありますが、収入の上限は決まっているのです。

事業としてのメリット
・安定した収入がある
事業としてのデメリット
・収入の上限が決まっている

小規模保育事業の人件費

　前述のように、収入の増加が見込めないとなってくると、経営そのものの収益を上げて安定させるためには、出る部分を削っていくしかありません。
　ですが、例えば食材費や保育用品などは直接保育の質に関係するので、減らすことはできません。その他の大きな出費は家賃と人件費です。そのうち、家賃も決まっており、たいてい上がることはあっても下がることはありません。考えどころは人件費です。
　ただ、人件費についても、保育士の配置数は子どもの数や市町村などの条例で決まっています。その人数を変えることもできません。また、1日の開所時間も11時間以上、週に6日以上と決まっています。
　保育士の数も決まっている、必要な時間も決まっている、となってくると、その中でのローテーションを考えるしかありません。
　保育施設独自の問題として、子どもを預かる際に、必ず保育士の人数を確保しなければいけないということがあります。一般の飲食店では、体調不良や急な用事で思わぬ欠員が出ても、他の人員でなんとか頑張ることもできるわけですが、保育施設は、そうはいきません。保育士が足りないまま運営することは重大な基準違反になりますので、絶対に避けなければいけないのです。
　そのため、余裕を持ちつつ、いかにいいローテーションや労働条件を

考えていけるかが重要になります。余裕を持つといっても、人数が多くなれば、それだけ1人当たりの給料は下がってきてしまうので、無駄な人件費は減らし、そのことで1人当たりの分配を増やし、満足度を上げる、という方向で考えていくべきです。

　このことによって、離職率も下がってきます。もともと小規模保育は人数が少ないため、余剰な人を雇っておける余裕も少ないのです。そこで誰かが辞めてしまうと、すぐに必要な人数を割ってしまうため、子どもが預かれなくなります。

　その時に考えられるのは、今いる人たちの労働時間を増やすことですが、これもまた労働条件が悪くなり、離職率を高めることにもなります。となると、緊急に新しい保育士を雇用することになりますが、一般の雇用が間に合わなければ、派遣会社から保育士を派遣してもらったり、人材紹介会社に紹介してもらったりするなどの手段に頼らざるを得なくなります。

　派遣会社からパート勤務で保育士の派遣をお願いすると、一般の雇用に比べて、かかる人件費は倍近くになることもあります。人材紹介会社にお願いした場合は、月給の3～5ヶ月分の紹介料が必要になります。こういう出費が経営を圧迫してくるのです。

　つまりは離職率をいかに下げるか、ローテーションをいかにうまく組むか、というのが予算規模の小さい小規模保育の場合、すごく重要なファクターになってきます。離職率については4章にまとめましたので、そちらもぜひ参照してください。

- ・保育施設では、必ず決まった人数の保育士が必要
- ・小規模保育の収支で上下できるのは、人件費ぐらいである
- ・小規模保育で収益を出すならば、効率的な雇用とローテーションが必要

小規模保育施設における立地の重要性

　保育施設の立ち上げに際し、従来の保育所のように、その地域の子どもたちを集めることを主体に考えていくのであれば、いい立地に作ることが絶対的な条件になってきます。

　従来の保育所と小規模保育の関係は、わかりやすい例でいうと、大きなスーパーマーケットとコンビニエンスストアのようなものです。大きなスーパーマーケットはランニングコストも大きくなり、それに折り合った収益が見込めないと経営は苦しくなります。一方コンビニエンスストアは小さな投資で始められ、収益が少なくてもやっていけます。

　保育施設にしても、大きな従来の保育所は定員も多く、子どもをたくさん集めないと施設の維持が難しくなります。一方、小規模保育は0～2歳の子どもを19人集めれば、十分やっていけるのです。

　待機児童がいる間は、多少不便な場所であっても、定員を満たすことができます。しかし、子どもが減ってどこの保育施設でも入れるような状態になってくると、立地が非常に重要になってきます。利用者は当然、利用しやすい場所を選ぶからです。

　広い敷地を必要とする保育所は、「建てられるところに建てている」というのが現状です。地価や賃貸料、空き地の関係から、駅の近くや住宅地よりも、それらから少し離れた場所に建てられる傾向があります。

　しかし、利用者にとって便利な立地とは、電車を使って通勤している場合は駅の近く、車通勤ならば職場と自宅の間にあることであり、競争になった場合はその条件を満たす保育施設が選ばれます。小規模保育は、保育所の建てられない地域を選ぶことができるという点で、大きなメリットがあるのです。

　しかし、利用者が保育施設を選ぶポイントは、立地だけがすべてではありません。それに加えて、幼児教育の特色という部分がプラス a され

ますが、そういったソフト面は後から導入していくことも可能です。ところが、立地は変えることはできません。また、小規模保育施設の期間である0～2歳は、教育に特色を出すのはなかなか難しいこともあり、ますます立地、利用者にとっての便利さが重要となってきます。

これから小規模保育を始めようという場合は、小規模の施設であるデメリットを補うだけの立地を選ぶことが絶対条件になってくるのです。

今は待機児童の多い地域を選べば、施設の枠の分だけ必ず子どもが来てくれる状態ですが、この状態は長くは続かないでしょう。5年10年といわず2年3年先でも子どもがいなくなる状況は十分考えられます。そうなった場合にどうするのかは、この少子化の時代に保育施設を始めるにあたって、絶対に考えていかなければならないポイントです。

・小規模保育では、立地が重要
・小規模であるデメリットを補うだけの立地を選ばなければならない

体験談1　東京都で小規模保育を始める

起業のきっかけ

実際の例として、一から小規模保育を立ち上げた方のケースを紹介します。

起業された方は、40代の女性です。それまでは都内で、別の業種の会社に勤めていて、起業したり、保育事業に携わった経験はありませんでした。ただ、以前に彼女のお母さんが地方で認可外保育施設を経営しており、保育施設が身近なものであったという背景はあります。彼女自身も、いつかは保育施設をやってみたいと思っていたようです。そのため、彼女は仕事の傍ら、通信制の大学で保育士や幼稚園教諭、社会福祉士の

資格を取っていました。

この方が、私の前作『保育園の作り方』を手にとって頂いて、何度か相談に来られたのが、関わらせて頂くきっかけとなりました。

始めにしたこと

彼女が、起業して保育園を作ると決断したのは、平成29年の4月でした。

彼女は、都内の小規模保育に関する情報を集めることから始めました。具体的には、都内各区の「小規模保育事業者の募集要項」や「認可運営の手引き」などの情報で、小規模保育の認可までのスケジュールや、各区が事業者に求める条件がわかります。これらは、区のホームページに掲載されています。しかし、この条件は毎年変わってくるので、情報を集める際には、必ず最新の情報であるかを確認していく必要があります。

東京都内は、ほぼすべての区で資格条件として、認可保育所、認定こども園、小規模保育、認証または認可外保育施設のいずれかの施設を運営した経験があることと、応募時点で法人格を有していることが必要となります。この条件の詳細は、市町村などによって少しずつ違います。施設の経営年数も、認可外保育施設なら5年以上継続が必要というところや、経営経験がなくてもコンサルティング契約などの指導体制があればいいというところまでいろいろです。

当時彼女は認可外保育施設の運営経験もなく、法人も持っていませんでしたので、情報を集め、条件をクリアできそうな区をしぼり込んでいきました。

運営経験については、私との間にコンサルティング契約を結ぶことにして、各区との相談を始め、最終的には私が彼女の保育施設の非常勤役員になるという形になりました。

法人については、新たに立ち上げました。法人にはいろいろな形がありますが、彼女は株式会社を選択しました。前作『保育園の作り方』で

は、保育施設の運営母体として、NPO法人を勧めました。しかし、NPO法人ですと、最低でも10人の協力者がいないと設立できません。また、NPO法人は審査に時間がかかります。株式会社であれば、1人でもできますし、書類がそろっていればすぐに立ち上げられます。今は資本金も少額でできるので、彼女はこちらを選びました。NPO法人化についてのメリットは前作でご紹介しておりますので、そちらを参照してください。

　法人格を有していること、などの条件は、待機児童に困っている区ほど融通が利く傾向があります。彼女はほぼ23区すべてをまわって相談をした結果、できそうな条件を提示してくれたいくつかの区にしぼって、応募のための準備を進めていくことにしました。

応募のための物件を探す

　小規模保育事業の募集は、区や市町村ごとに行われ、その内容は大きく2つに分かれます。

　1つは「〇〇地区」「〇〇駅から1km以内」など地域を指定して、事業者を募集するプロポーザル型です。

　もう1つは、地域を指定せず、事業者が提案した物件をもとに判断する提案型です。

　都内では提案型が多く、プロポーザル型はほとんどありません。そのため、応募できそうな区をしぼりこんだ後は、その区で提案できる物件を探していくことになります。

　彼女は、3つぐらいの区で並行して物件を探していきました。彼女の場合は、自宅が池袋ということもあり、そこから通える範囲という条件で探しましたが、都内在住であればだいたい通勤圏内なので、選択肢は少なくありませんでした。

物件情報が出てくるまで

　おおよその候補エリアを決めたところで、不動産屋通いを始めましたが、この段階が一番大変でした。

　まずはなかなか保育施設ができるような物件がないことと、物件があっても、大手の不動産会社などだと大手保育園チェーンや、小規模保育をいくつもやっている事業者などと提携していて、条件に合う物件は優先的にそちらに紹介されてしまうためです。飛び込みで行っても、始めはやはり、表に出ている情報だけ渡されて、「ここにあるものしかありません」という対応をされてしまいます。

　一般に公開されている情報というのは、借主がすぐには見つからなくて探している状態の情報です。その中から探しているだけでは、本当に条件に合う物件に出会える確率は低くなります。条件のいい物件はそうそうに借りられてしまって、表に出ているものはいわば「残り」なわけですから。

　そうではなく、不動産屋さんに、今は空いていないけれど、空くことが決まっている物件など、表に出ていないところも紹介してもらえると、条件に合う物件に出会える確率が上がります。

　こういった情報を出してもらうには、まずは不動産屋さんとの信頼関係づくりが必要です。どのぐらい真剣なのかをわかってもらうということと、何度も足を運んで、担当の人と関係を作らないと、なかなか出てこないのではないでしょうか。

　彼女も、何度も不動産屋さんに足を運び、本気で保育施設経営を考えており、そのための物件を真剣に探している、ということを相手方にわかってもらったうえで、60件ほどの物件をまわりました。その中で、話をした時点では営業中でしたが、店を閉めることが決まっている調剤薬局を紹介してもらうことができました。大きな通りに面した1階で、少し狭いですが、駅にも近く、公園も近いという好条件の立地でした。

地域住民の同意

　保育施設は、商業地域や住宅地域といった区域に縛られず、どこでも設置することができます。住宅地域でも条件に合う物件があれば保育施設にすることはできるのですが、一番のネックになってくるのが、「地域住民の同意」です。

　問題なのは、どういう同意があればいいのかという基準がないことです。逆にいうと、同意をとらなくても、周りの住人から苦情が出なければいいということではあります。しかし、苦情が出ないことを担保するのはものすごく難しいことです。

　例えば大家さんがOKして貸してくれて、直近の隣近所に同意をとったとしても、ちょっと離れたところから「ここに作られたら困る」というクレームが入れば、その時点でアウトです。自治会がある地域は自治会に申し入れを出すこともできますが、「総会を開かなければわからない」といわれて、結局同意をとれない場合もあります。

　また、クレームは多くが匿名で寄せられます。そうすると、誰と話し合えばいいかもわかりません。匿名のクレームを解決するのはほぼ不可能なのです。

　そのため、どうしても商業地区や商店だったところを借りるか、あるいはマンションの1階部分を借りることが多くなります。マンションの場合はマンションのオーナーやマンションの住民組合など、同意をとる相手が限定されるので、交渉しやすいのです。

　また、マンションの規約の中に、テナントが変わる際に住民の同意をとらなくてはいけないという条項がなければ、オーナーが好きに決められます。賃貸はその傾向が高く、分譲であれば、住んでいる人の組合などで総意が必要になってくる場合が出てきます。

　今回の場合、候補に挙がった調剤薬局はマンションの1階にあり、マンションのオーナーの意向だけで、住民の同意をとる必要はありません

でした。また、そのオーナーは、自身で高齢者福祉施設などを運営しており、福祉などに大変理解のある方で、保育施設をやりたいという申し出に2つ返事で了承して頂けました。そういった意味でも、非常に好条件の物件だったのです。

避難路

立地や周辺住人の件をクリアして、区の担当者にも図面を確認してもらい、賃貸契約をしました。しかし、最後に大問題が起こりました。実際に区の方が物件を見に来た際に、「ここは避難路が確保できていません」といわれてしまったのです。

東京都では、避難路について、以下のような条件があります。

・2方向に出口があること
・2方向の出口がそれぞれ別の公道に面していること
・同じ公道に面している際は、10m以上離れていること

×例

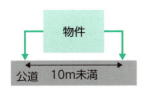

○例

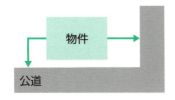 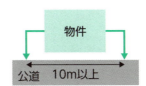

この条件を満たす物件を探し当てるのは、非常に困難です。
　この物件は、大きな道路に面しており、2方向の出口は確保されているのですが、2方向からの出口が同じ通りに出てしまうのです。また、テナントの幅自体が10mないので、10m離れていること、という条件もクリアできません。後ろにも建物があって、その後ろが公道に面しているという形でした。

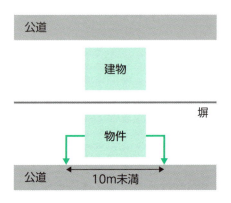

　指摘を受けてから、物件の周りを細かくチェックし、なんとか避難路を作れないか、かなり悩みました。取り外しできる避難階段を特注で作ってもらってなんとかできないかという話もありました。
　今回は、非常に幸運なことに、後ろの建物のオーナーとお借りした建物のオーナーが同じだったので、なんとかこの問題をクリアすることができました。後ろは有料老人ホームで、その建物の避難路を確保するために間の塀が簡単に壊れるようなものになっており、それは防災法上、避難路として認められていたからです。

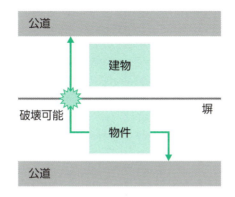

　こういった基準を設けているのは東京都だけで、茨城県などにはありません。東京は、今までに雑居ビルの火災で多くの人命が失われた事件が何度かあり、その度に条件が厳しくなっていったためと思われます。この条件は、実際保育施設でなく、普通の飲食店などであればそこまで厳しく適用されていないように思います。この物件も、以前は調剤薬局が入っており、その際には10m離れた避難路は確保されていなかったはずなのですが、問題なく営業はされていました。

　結果的にはたまたま後ろの建物とオーナーが同じであり、しかも避難路を検討していた時に、たまたまオーナーと話ができたという幸運がありましたが、この部分以外は、とにかくたくさん物件や不動産屋を歩いて、諦めなかった彼女の努力が実った形です。

代替地としての公園の問題

　施設に園庭がない場合、その代替として、歩いて行ける場所に公園が必要になります。細かい基準は地域によって違いますが「歩いて行くのに無理のない範囲で」という書き方をされていることが多いので、判断が難しいこともあります。「公園」の定義も、住宅地の中にある小さな公園や、緑道といわれるところでも法律上は公園なので、そこでもいい

とされることもあります。

　横浜市の平成30年1月版の「小規模保育事業整備の手引き」では、距離に関しては「児童の歩行速度で5分程度。概ね300m以内。」、公園の定義に関しては「都市公園法上の公園」という基準があります。この場合は、緑道も公園として認められます。

　実際に公園が使えるかどうかは、距離に加えて、動線も大きく影響します。大きな道路や線路を越えるルートを通らなければいけない場合は危険が多いので、使いづらいのです。

　また、都内では園庭がない保育施設が非常に多いので、1つの公園に複数の施設の子どもが集中してしまって、どれが自園の子どもかわからなくなるということもあります。

　そのため、新しく作る保育園の先生は、近くの公園で他の保育園の帽子の色を確認して、被らないようにするのが大変だという話もあります。どうしても色が被った場合は、キャップではなくチューリップハットや耳が付いているタイプにするなど、かなり苦心するようです。

　これは意外としっかりした対応が求められる問題です。どの子が自園の子か一目でわからないと、とても危険です。違う保育園の子を連れて

帰ってしまうトラブルは、実はありがちなのです。帽子をかぶっていると、上から見ている先生たちには顔が見えづらくなります。そこで着ている洋服などで判断してしまうと、全然違う子が紛れ込んでしまったりするのです。そうすると、その子の保育園の先生はその子がいなくて大慌てすることになります。

　人口密集地では、多いところになると1つの公園に3園以上が集まることもあり、時間も10時から11時に集中してきます。しかも砂場や遊具は人気があるのでたくさんの子どもが集まり、地域の親子も加わって大混雑することになります。

　そのため、都内など人口密集地では、使う公園を考える際には下見をして、あまり集まらないところにするという配慮も必要になってきます。

その他の制限

　今回の物件を決めるに際し、まずは検討できる物件が少なく、いくつかあった候補物件もなかなか条件には合致せず、かなり多数の物件をあたりました。実際には、彼女が不動産屋に行き、図面をもらい、その物件のデータを送ってもらって、一緒に検討しました。

　ですが、間取り図だけではわからない部分もあります。例えば、窓の面積です。保育室の床面積の5分の1の広さがなければならないのですが、それがとれるかどうかは間取り図だけではわからないことがあります。あるいは、入り口が道路からちょっと下がった場所にあると、ビルの表記上は1階になっていても地下扱いになってしまい、保育施設には使えません。

　このような細かい条件を確認するには、やはり現地を確認する必要があります。これは時間も手間もかかる段階で、準備のエネルギーの7〜8割はそこに費やしたのではないかと思います。

　しかし、まずは物件が決まらないと始まらないのです。例えば法人を

立ち上げる、資金を集めるなどの他の部分については、自分ではどうしようもない、ということはあまりありません。本人の努力や、しっかりとした準備があれば進められます。今は比較的起業しやすい社会の仕組みがあります。女性だからと差別されることもないし、逆に女性だからこそ保育事業などは起業しやすい面もあるのです。

　そういった資金面などは努力でなんとかなったとしても、やはり、テナントというのはなんとも難しいところです。ともかくまずは建物が物理的に合致するかどうかです。広さの問題があって、次に採光の問題、それから2方向に出口があるかどうかです。あるいは、耐震基準法以前の建物では、建物全体の耐震審査をしなければならないので、ほぼ無理ということになります。

立地と優先順位

　立地条件としても、その地域にただ待機児童が多いというだけでは競争に勝てません。駅から徒歩でどのぐらい離れているのか、まわりにどのぐらい住宅があるのか、などを加味していく必要があります。

　最終的に決まったその物件はあまり広くなく、どうやって計算しても12人ほどしか預かれない面積でした。効率で考えれば小規模保育の上限である19人を定員にできるのが最もいい条件なのですが、他の要素も考えた際に、定員人数は優先順位を下げざるを得ませんでした。

　その物件は東京メトロの駅から徒歩5分もなく、近くに大きな公園もあり、環境的にはとてもいい立地です。そのため、近くに保育施設はいくつかあり、園庭代わりに想定している近くの公園は、午前中はいろいろな保育施設の子どもたちが集まって大混雑します。

　結局それだけ需要もあるということなので、最終的にはその物件に決めることにしました。

その後の申請など

　物件が決まれば、その後はトントン拍子で、区から要求された書類を準備し、提出して進めることができました。書類の中では、細かい言葉のニュアンスは別としても、ほとんど訂正もなく、最終的にはその年の10月の27日に計画が承認されました。

　物件は4月ぐらいから探し始めて、決まったのは8月でした。避難路の問題はあったものの、区としてもなんとか承認していきたいという意向を強く感じました。この避難路のように、何か条件に満たないことがあった場合、その自治体が保育施設を作っていこうという気がなければ、条件に合わないからだめ、といわれる可能性もあります。そこに自治体の、小規模保育を増やしていこう、増やさなくてもいい、という意識が強く出てくると思います。

資金計画について

　物件探しと同時並行で、資金計画も進めていきました。融資に関しては、日本政策金融公庫が一番いい条件だったので、まずはそちらに話をしに行きました。

　その際、最初に求められたのが、資金計画です。彼女は経理にそれほど経験がある方ではないので、知り合いの税理士と契約を結んで、資金計画を見てもらう形にしました（p.140参照）。

　そういった資料を作成し、何度も話に行き、彼女の小規模保育の計画が現実的で、問題もクリアできていると判断され、具体的な融資の話に進みました。金融公庫では、1千万円以下だとその支店の裁量で貸せるのですが、1千万円を超えてくると、中央に送り、判断をあおがなければならないとのことで、支店の上限である1千万円の融資を受けました。

　実際は1千万円では足りなかったので、都民銀行にも融資をお願いし

て、2ヶ所の融資でやっていくことになりました。

　それからは資金繰りです。内装業者に工事をお願いする場合、認可申請前に工事費を払ってしまうと申請時に必要とされる運転資金がなくなってしまうので、残高証明を作って、支払いは認可申請の後にするなど、資金繰りのやり方はいろいろあります。起業経験のある方だと当たり前の話ですが、初めての方には、知識がいる部分であるかもしれません。この部分では、保育施設に限らず起業のノウハウ本などが役に立つかと思います。

　物件の契約と資金の調達もでき、10月に計画の承認がおりると、翌年の区の認可保育施設の募集要項に名前が載ります。小規模保育なので、募集は、利用者が区に希望を提出し、区が利用者の希望や点数を加味して、入れる保育施設を割り当てる形になります。この施設も、4月からの定員は満たすぐらいの応募は集まりました。

　この本の執筆段階では、まだ施設は始まっていません。開園してから当然いろいろな問題は起こってくると思いますが、小規模保育を立ち上げることにおいては、やろうと決断をしてからほぼ1年間の準備期間で開園までこぎつけることができました。

　彼女の場合は、1年間まるまる収入がなくなってしまうわけではなく、職場の方で正社員からパート勤務のような形にしてもらって、不動産を探す時間を作っていました。最終的に会社を退職して保育施設に専念するようになったのは、承認がおりた10月ごろからです。

　当然資金計画の中には、自身の生活費なども繰り込んでいかないとやっていけなくなります。5年間の資金計画を立て、総額としては2千万弱の資金を準備し、だいたい2年目でほぼ黒字になってくる予定です（p.141参照）。

　建物の改装費用や家賃の補助なども4月以降には補助金を活用することになります。その時点で借入をした資金は返せる見込みで、後はランニングコストのみになります。その後も、定員がいっぱいになることが

前提ではありますが、収入が読めるところが、一般の企業に比べると、安心感は高い部分です。

簡単にはできませんが、一度軌道にのせることができれば、補助金で運営は安定していくだろうと思います。

保育士を確保するには

彼女の場合は保育施設で勤めた経験がほぼなく、ボランティアのような形で少し関わったり、通信制の大学で資格をとった際に実習をしたりした程度でした。ただ、彼女のお母さんが保育士を長くやっており、認可外保育施設の運営の経験もあったことで、一時的にでも園長候補として迎えられる人材が身近にいたことは、大きなメリットとなりました。

お母さんを園長候補として迎え、保育士を募集することになったのですが、保育士不足がいわれている中で、新しく作った保育施設に保育士が集まるのかという相談を受けました。

新しく作るということは、その保育施設が働く環境としていいのか悪いのかは、評判もなく、現場もないので、すぐにはわかりません。そうなった場合、保育士がきてくれるかどうかの唯一のポイントは収入面です。

まわりの保育施設でも常に保育士は募集をかけていますから、求人サイトや募集広告などを見れば、人件費の相場はわかります。もちろん、極端な金額は出せませんが、例えば一番高く出しているところよりも若干高く出しても経営上問題がなければ、それでいいのではないでしょうか、というアドバイスをしました。そして付近で一番高く出している金額よりも7％ぐらい上乗せした金額で、計画が承認された10月以降から募集したところ、十分な応募がありました。

応募されたほとんどの方が他の保育施設で働いていて、転職先として入ってくるパターンでした。開園が4月1日ですので、3月いっぱいまで

他のところで勤めて、新年度からその園で勤務することになります。実は保育士というのは、他の企業に比べて、流動しやすい業種です。条件のいい職場があれば、移っていくこともよくあるのです。

人件費は安くして集めようと考えたらだめです。少し給料が高くなっても、同じ人が長期間働いてくれる方が、数字上も、また雰囲気など見えない部分においても、大切です。そのためには、雇った方が辞めないようなシステムを作ることは大事だと思います。そちらについては4章にまとめましたので、参照してください。

今のイメージとして、少ないもの（保育士）をとりあうという話に聞こえますが、都市部は人口の母数が違うので、絶対的な保育士の数が多く、少数の保育士を集めるのは、それほど難しい話ではありません。かえって地方で、いくらお給料を上げても絶対数が少なくてなかなか集まってこないとか、地域の兼ね合いで、あちらを辞めてすぐこちらに移ることはできないなどがあることに比べれば、優秀な人材を人数分確保することに、さほど危機感を覚えなくてもいいのではないかと思います。

応募申請の具体的なタイムスケジュール

小規模保育を増やそうと考えている市町村などでは、ほとんどの場合、ホームページで事業者を募集します。募集にあたっては、4月1日開園とするところがほとんどです。それに合わせて、開園日の1年〜1年半前から、ホームページなどで募集要項を掲載するところが多いようです。

募集の流れは本当に様々ですが、多いパターンは、まず事前協議を受け付け、その後本募集をし、各種書類を提出して審査後、事業者の決定を通知するという流れです。

この事前協議の段階で、施設予定地の配置図などを提出しなければならない市町村などもあります。そうすると、実際の開所の1年前から物

件を決めて押さえておくことになり、その分の家賃なども用意しなければなりません。

　審査が通り小規模保育事業者として決定されれば、その後は物件を計画に沿って改装し、保育士を募集します。

　利用者の募集は市町村などが行います。だいたい11月ごろには入所案内が出され、保育施設の利用を考えている人が希望する施設を下見に訪れます。新設の場合は、ここまでに改装が終わっていれば見学も受け入れられるのですが、終わっていなければ、パンフレットのみの案内になります。その後利用者の希望申請を受け付け、2月ごろにどの施設にどの利用者が来るのかが決定されます。

　開園時に定員を満たしていない場合は、自治体のホームページに保育施設の空き情報が掲載され、利用希望者があれば入園を申し込んだ翌月から通園してきます。

《申請の大まかな流れ》

募集情報開示
・ホームページなどで応募資格、締切、必要書類など情報を確認。

事前相談
・事前協議書と図面などの書類が必要になることも。

書類提出
・事前に必要書類を確認、準備。地域によって内容は様々。

審査
・提出された書類をもとに市町村などが事業者を審査、認定。場合によっては一次審査、二次審査がある。

事業者決定
・小規模保育を行う事業者として市町村などに認定される。

工事の入札、工事
・請け負い業者は選ぶことはできず、一般公開のうえ入札になる。

利用希望者の申請
・市町村などが他の施設と合わせて一括で行う。

施設の開所
・開所は4月1日を指定されることが多い。

小規模保育の申請書類

　小規模保育を申請する際に必要になる書類は、市町村などによってだいぶ変わってきます。多いところでは40種類を超える書類が必要になってきます。提出のタイミングについても、事前協議の段階で必要だったり、本審査で求められたり、様々ですので、よく確認してください。
　求められる書類の内容は、大まかに分けて次のようなものです。

☐法人に関する書類
　・登記事項証明書、定款、概要など
　・代表者や役員の構成、履歴など法人の健全性を証明するもの
　・事業収支や残高証明など、財務の健全性を証明するもの

☐建物に関する書類
　・建物の案内図、配置図、立体図
　・施設設備の見積書
　・建築確認申請書や検査証など

☐施設に関する書類
　・保育理念や運営方針、指導計画など（資料p.180参照）
　・職員の人数、配置について
　・給食に対する考え方、食物アレルギー対応について（資料p.142参照）
　・健康管理について
　・災害対策について（資料p.157参照）
　・保護者との連携について
　・地域や近隣住民との関わり、苦情対応について

小規模保育の開園を相談するには

　小規模保育事業を始めたい場合、市役所や区役所などの、保育施設を担当する部署に申し込みます。

　相談期間や事前協議の内容があらかじめ決まっている場合もありますが、随時受け付け、という市町村などもあります。そういったところに話を持っていくタイミングもよく相談を受ける部分です。

　この場合、「保育事業を考えています」というタイミングで持って行っても相手にしてもらえません。小規模保育の制度が始まったころはそうでもなかったのですが、何年もたってくると、すでに小規模保育施設を経営している事業者が、2つめの施設を作るケースも多くなってきました。そうすると市町村側としても、すでに実績のある事業者の方が、説明も省けるし、リスク管理もできるため、新規の事業者は歓迎しない方向になっています。

　しかし、市町村によっては、実績のない事業者も入れていこうというところもあります。その場合でも、条件の中に必ずあるのが、法人であることです。例えば今個人で認可外保育施設をやっている人も、新たに小規模保育を始めようと考えた場合、法人登記をしないと受け付けてもらえません。もう1つ、最低でも会社案内のパンフレットは用意する必要があります。相談の最初は、担当者に会社案内のパンフレットを渡すところから始まります。どういう会社で、いつできて、資本金がいくらある、本社がどこにある、そういった基本情報が記載されていれば、デザインに凝っていなくても構いません。

　経験上、担当者は会社案内を持って行って初めて話を聞いてくれます。担当者にとってみれば、いくら時間を割いて相談にのっても、法人を持たなければ応募する権利もないので、無駄になる可能性もあるのですから当然の対応といえます。

そしてまずは窓口の人と話をし、だんだん話が煮詰まってくると、上の役職の人と話をしていきます。その中で、特にどのあたりに待機児童が多くて、保育施設がほしいと思っているのかという話を聞いていきます。市町村側でも、本当にやってくれそうな事業者であると思えば、情報を出してくれます。

実際に職員や担当者が示してくれるのは、あの地区の保育園には応募が多いなど、数字で表れる部分と、実際はこの地区の子どもだけれども、バス路線や大きな道路の関係でこちらに来ているなど、数字と実情の齟齬がある部分です。

こちらから持っていった物件を提案してみて、初めて出てくる話もあります。この地区は待機児童が多いからいいとか、この地区は難しいとか、あるいは、小規模保育に向いていると思う地域を提案してくれたりもします。そのあたりは、応対してくれた人の人間性やタイミングなどにもよります。

どちらにしても、今のところ小規模保育をやる場合は、特定の地区だけで探すのはすごく難しいと考えて下さい。特に地域が指定されていない場合は、あらゆる可能性を考え、複数の地域を候補として同時並行で進めていって、やっと条件に合った物件が1つ見つかる、それぐらい場所探しというのは難しいと考えた方がいいでしょう。

地方都市の場合は、人間が住んでいる場所と住んでない場所が明確に分かれていますから、立地条件はもっとシビアになってきます。都内の場合は、駅も多く、バス路線も充実しています。そのため、意外とにぎわっていないように思えるところでも定員を満たすだけの需要がある場合もあります。

都内ではいろいろなところに小さなお店があってそれが成り立っているけれども、地方都市は大型店に押されて小さなお店が淘汰されている状況に似ているかもしれません。

地方自治体と小規模保育の関係

　先日、つくば市の「子ども・子育て会議」に参加してきました。子ども子育て会議では、毎年「保育の量の見込み」が決められます。来年、保育の量は足りているか、足りていなければ、どういった形でどのぐらい増やすのか、ということをこの会議で決めるのです。この資料は必ず公開されていますから、確認すればどこの地区の保育の量が増えていくのかがわかります。

　また、子ども・子育て会議では、毎年来年開所する予定の保育所が議事に挙げられてきました。保育所は都道府県が認可するので、市町村で行われる子ども子育て会議が何かを決められるわけではないのですが、市長に対して諮問投信という形で発信してきました。

　しかし、今年からそれがなくなり、小規模保育のみが市議会の審議の対象になることになりました。小規模保育は、市町村などに認可の権利があるので、必ず審議会を通すことになります。

　小規模保育はその審議会を通らないと開園できず、その計画決定がないと保育士の募集もできません。

　つくば市では、子ども子育て会議の決定で、平成30年以降、31年（新元号の元年になります）と32年については、保育施設を前年に決まった計画数より増やさない方針に決まりました。待機児童は増える傾向にはありますが、既存と計画中の保育所の定員を増やすことで吸収しようという意向です。

　しかし、新しい情報でもつくば市は茨城県下で待機児童が最も多く、まだまだ開発地区も残っていることから、ますます待機児童の増加が考えられるのです。結局、今保育施設を増やせば、それだけ将来潰れる保育施設が多くなり、そのことが既存の保育所の危機感をあおっているということもあります。そのため、結局市が関与する認可保育所及び小規

模保育施設は今後増えないということになりました。

しかし、既存の園の定数を増やすにしても、敷地面積には限りがあり、増築などをすれば園庭の面積が減ってしまいます。2歳児以上は園庭の面積も1人当たり3.3m^{2}が必要と決まっているので、むしろ定員を増やすのであれば、園庭も広くしなければなりません。保育士を増やせば済む話でもないのです。

小規模保育施設の工事

改装、新築いずれにせよ、工事は審議会での計画決定を待ってからスタートすることになります。工事完了は、遅ければ開園する1週間前に予定されることもありますが、その場合、不測の事態が起こると開園に間に合わないということもあり得ます。建築物なので、雨や雪によって基礎が固まらなかったりなど天候に左右される部分もありますし、工事現場も人手不足で、人手を確保できなかったりもします。保育施設は、規格が決まっている一般の住宅と違って、1つひとつ設計が違うので、大工さんという職種の人が大勢必要になります。これが今は慢性的に人手不足の状態です。

また、小規模保育や企業主導型保育の場合は、どこに工事をさせるかという業者の選定は、すべて入札になります。公の補助金が使われる場合は、入札で行うことが決まっているからです。

入札となってくると、一番安い金額を提示した業者が請け負うことになります。自分で付き合いや信頼関係があり、お願いしたいところに任せられるわけではないというのが難しいところです。

そうはいっても、実際はそれほど多くの業者が参加するわけではなく、3社ぐらいの中から決まってきますし、付き合いのある業者に入札をお願いするという形も多くなります。まったく付き合いも実績もない知ら

ない業者が受注するということはあまりないのですが、可能性はあります。

　小規模保育の場合は改装工事が多くなりますが、それらもすべて入札になります。ただし設計士は自由に選ぶことができます。設計費用は、ある程度は経費として補助金の対象にできます。

　保育施設も公共工事とまったく同じため、入札は公に広告を出さなければいけません。広告はホームページでもいいことになっていますが、そのためにはホームページを立ち上げなければいけません。他には新聞に載せる、市役所の前にある掲示板に張る、という方法もあります。工務店側は市役所などで入札工事の情報はいつでも閲覧できるようになっているので、そこにも情報は載っています。

　どう考えても新聞広告に載せるのと、アドレスもわからないような急造のホームページに載せるのでは告知効果は全然違ってくるのですが、誰でも見られるため、法律的には両方とも「公募をかけた」という状態になります。

　補助金などが事業に絡む場合は、そういった、「入札の前段階としての公募」のように、手続き上必要なことがいくつもあり、1つの手続きが終わらないと次のステップに進めないといったことは多々あります。

　新設の保育施設でも、例えば、市町村などによっては開園の許可を出す前に、必ず消防署や保健所の立ち入り検査を受けて許可をもらうことが前提になっているところもあります。その場合、建物は全部できている必要がありますし、またそちらの申請にも時間がかかります。消防なら消防計画というものを作ってから申請する必要があったり、すぐ見に来てくれるところもあれば、立て込んでいるからと時間がかかったりする場合もあります。また、見に来てくれた後ですぐに書類をくれるところもあれば、それに1週間かかります、というところもあって、どんどん必要な時間が積み重なっていく、ということはよくあることです。

　申請にしても本申請の前に事前協議が必要であり、事前協議の前に参

加表明書が必要であり、参加表明書は場所を決めて必ず事前相談をしてから出してください、というところもあったりします。

小規模保育の応募要件

　募集資格にしても、厳しいところでは、認可保育施設を1年以上経営していること、認証保育（東京都の制度）や小規模保育や家庭的保育事業ならば3年以上やっていること、あるいは認可外保育施設なら5年以上やっていること、という条件があることもあります。また明確に実績のない事業者は応募することができません、としているところもあります。世田谷区では待機児童は多いのですが、実績に加えて、保育士1人当たりが見ることができる子どもの数を少なくするなど、保育の質を高くしておきたいという思惑がわかります。

　千葉県の船橋市では、応募の時点で認可された保育施設を経営していればよく、年数は問われません。認可外保育施設であれば、平成28年10月以前に開業していること、という条件があります。

　このあたりの条件の揺れが地域型ならではの、地域の事情を反映しているところなのでしょう。この応募要件については、厳しいものから簡単なものまで、かなり差があります。

　千葉市などでは、小規模保育を新設する地域を指定しており、他は事前に協議が必要ですが、建物を建てる補助金を申請しないならばどこでもいいとしています。

　小規模保育を考える場合は、候補地の市町村などが出している情報を十分に集め、吟味していきましょう。

第3章

実例から見る企業主導型保育

第 3 章

実例から見る 企業主導型保育

企業主導型保育とは

「企業主導型保育」は、「子ども・子育て支援新制度(以下新制度)」のもとで、「子ども・子育て拠出金」を負担している企業の子どもを預かることを中心にした保育施設に、公益財団法人児童育成協会(以下児童育成協会)が補助金を出す事業です。

その主な条件は以下の通りです。

項目	条件
施設の定員制限	なし
子どもの年齢	0〜5歳
保育室の大きさ	0歳、1歳は1人当たり3.3m^2 2歳以上は1人当たり1.98m^2
園庭の大きさ	子ども1人当たり3.3m^2 設置できない場合は付近の公園でも可
給食	0〜2歳については、自園調理が基本 3〜5歳については、条件はあるが外部搬入も可
利用者の制限	厚生年金に加入している企業の従業員が原則

保育料	基準額が決められており、原則はこの額を必要以上に超えないようにすることとなっている。下げること、利用者によって差を付けることは自由 《基準額》 4、5歳　27,100円 3歳　30,600円 1、2歳　35,700円 0歳　35,900円
施設の申し込み	施設に直接申し込み
保育を行う人員	半数以上が保育士、保育士以外も定められた研修が必要
職員数	0歳児　子ども3人に対して1人 1、2歳児　子ども6人に対して1人 3歳児　子ども20人に対して1人 4、5歳児　子ども30人に対して1人
定められた開園時間	なし

企業主導型保育の事業者について

　企業主導型保育の補助金を受けるためには、児童育成協会に申請する必要がありますが、申請するにあたって、絶対条件があります。その施設を設置する事業者が厚生年金の対象の業者だということです。

　企業主導型保育の補助金の原資は子ども・子育て拠出金からきています。その拠出金は厚生年金に加入している事業者が国に納めているものなので、補助金を受ける事業者は厚生年金に入っている事業者に限られます。そうでなければ、企業主導型保育の補助金を申請する権利はありません。

　また、現在開業している認可外保育施設は、設置後2年を過ぎると、企業主導型保育施設への移行ができないことになっています。なぜかというと、新しく枠を増やさないと待機児童対策、人手不足対策につながらないためです。

　ただし、設置後2年を経過している認可外保育施設でも、定員の空いている枠を企業主導型保育として申請することができます。例えば、定

員30人の認可外保育施設で現状20名しか定員が埋まっていなかった場合、残りの10人の枠を企業主導型保育として申請し、助成を受けてもいいという形です。ですが、本当に現在20人しかいないのかということを証明するのが大変です。

　上の条件を満たしていれば、企業主導型保育施設は、1つの企業が単独で作っても、複数の企業が共同で作っても構いません。また、作った施設の運営を保育事業者に委託することも可能です。公に出ているパンフレットでは、以下のようなタイプが設定されていますが、タイプによる制限や優遇は特にありません。

タイプ	施設の設置者と利用者
単独設置型	施設の設置：単独の企業 施設の利用：単独の企業
共同設置・共同利用型	施設の設置：1つまたは複数の企業 施設の利用：複数の企業
保育事業者設置型	施設の設置：保育事業者 施設の利用：複数の企業

企業主導型保育の利用者について

　企業主導型保育は、設置する事業者だけでなく、利用者も、厚生年金に加入している企業の従業員の子どもであることが原則とされています。それが今までの保育施設とは違う考え方です。

　厚生年金に加入している会社も多いのですが、フリーランスの人たちが不利益を被るという問題があります。フリーランスの人たちは、認可保育施設を利用する際も、入所の優先順位を決めるためのポイントがかなり低くなってしまい、なかなか希望が通らないという問題が起こっています。

　厚生年金は社員がいる企業というのが原則ですし、加入すると会社の負担が大きくなるので、ある程度利益がないとなかなか入れません。例

えば自分で起業したばかりで社員がいない、会社が軌道にのらず利益を出せていないといった事業者やそういった企業の社員は、保育所や小規模保育でも、企業主導型保育でも、後回しにされてしまうのです。

　そういった厚生年金に加入していない企業の従業員の子どもたち、あるいは、厚生年金に加入していても、その保育施設との利用契約を結ばない企業の従業員の子どもたちは、「地域枠」という形で預かることができます。

地域枠とは

　地域枠とは、企業主導型保育において、全定員の50％以内であれば、利用契約を結んだ企業以外の地域の子どもについても補助金を受ける人数にカウントされるという制度です。その場合、地域枠を利用する子どものすべての保護者が働いているか、妊娠・出産などで子どもの保育ができない状態であると市町村、または児童育成協会に認められている必要があります。基本的には、お父さんお母さんの就労証明書、つまり「この会社で働いています」ということを会社に確認してもらう書類（p.195参照）を出してもらえば大丈夫です。

　厚生年金に加入している企業でも、保育施設との契約を結んでいなければ、従業員枠ではなくて、地域枠の扱いになります。従業員枠はあくまでも、「利用契約を結んだ企業の従業員」の子どもです。

※全定員が20人の企業主導型保育施設の場合

20人	
従業員枠　10人以上	地域枠　10人以下

ただ、企業主導型保育の補助金は、現在運用中の保育施設の空き定員についても適用される場合があり、その場合は、補助金を受ける枠の50％、ということで、少し複雑になります。

※全定員が30人、補助金を受ける枠が15人の保育施設の場合

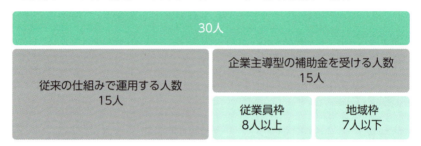

　この地域枠の扱いは、企業主導型の運用が始まってから二転三転しており、まだ完全には定まっていません。

　平成28年度には、地域枠の「弾力的運用」が認められており、なんでもありのような形でした。本来は最大でも50％ですが、実際にはそれ以上、中には全員地域枠という施設もあるということでした。企業主導型保育として設置したものの、なかなか連携する企業の枠が埋まらない一方で、地域に待機児童がいる場合、そもそも待機児童の解消を目的とした制度なのだから、待機児童を弾力的に入れてもいいのではないか、という考えのもとでの措置でした。しかし、2018年2月に出された留意事項では、そういうことは基準違反になるのでやらないでください、とされています。また、全定員の半数という枠は超えていないものの、従業員枠が埋まらずに結果として地域枠の方が多くなっている場合も、基準違反ではないが、早急にその状態を解消してください、という返答が出されています。

　このあたりは、企業主導型保育のQ＆Aが出されており、年を追うごとに様々なケースへの返答が追加されているので、確認してください。

また、企業主導型保育の補助金を申請する場合、毎月児童育成協会に協定を結んだ企業のお子さんが何人、地域枠のお子さんが何人、という利用者の状況を報告していきます。従業員枠と地域枠は、年間を通して何人、というわけではなく、あくまで現状をその都度報告していく必要があります。

企業主導型保育の年齢はどうすべきか

　企業主導型保育は5歳までを対象としています。ですが、児童育成協会が申請のための資料サンプルとして提供している平面図は0〜2歳の保育を対象とした内容のものです。

　実際に、定員を0〜2歳にする企業主導型保育施設は多いようです。理由としては、保育をやったことのない事業者が保育施設を始めるにあたって、まず待機児童の多い年齢層をターゲットとすることです。待機児童は0〜2歳に多く、小規模保育もそこを補うためにできました。起業者としては、その需要から考えてしまいます。しかし、本来、保育施設そのものの考え方としては「保育を必要とする人たちに提供する」供給側として考えなければいけないのです。

　保育を需要として捉え、0〜2歳なら集まりやすいだろう、と考えて事業を始めてしまうと、3歳になった時に、子どもの安定や利用者の負担面にデメリットが出てしまい、結果として施設の競争力が落ちてきてしまいます。

　そうはいっても、小規模保育の定員の項と同じように、(p.28参照)定員の年齢を広く設定すると、それだけ欠員のリスクも高くなります。そうなってくると、それだけの広さを持つ施設を用意するのも大変だし、需要もないのであれば、0〜2歳でいいか、という需要とコストパフォーマンスから考えてしまうのも仕方のないことかもしれません。

　児童育成協会のウェブサイトに載っているサンプルが0〜2歳までの施

設用なのも、こういったところが多いからでしょう。印象だけですが、3〜5歳も入れる企業主導型保育施設はそんなに多くないように思います。

個人としては、せっかく年齢制限のない企業主導型保育でやっていくならば、今後の競争力を考えても、5歳まで預かれる施設にするべきだと考えています。

事業所内保育施設との違い

もともと企業が社員のために作る保育施設に補助金を出す仕組みは、新制度以前から存在していました。「事業所内保育」とよばれるものです。これも認可外保育施設の一種で、補助金は厚生労働省から出されていました。ただ、この補助金の額は少なく、経営は必ず企業が負担しなくてはいけないものでした。

企業主導型保育はこの事業所内保育に比べると、補助金の額が圧倒的に高額です。子ども1人当たりの補助金は認可保育施設とそれほど変わらないので、企業の負担がなくても保育施設を運営でき、効率的に経費を抑えられれば、収益を出すことも可能になってきます。そのため、事業所内保育は病院や大きな企業が運営するケースがほとんどだったものが、企業主導型保育は社員規模の小さな企業、もっといえば、そのために立ち上げた数人規模の会社で運営する施設も多くなっています。

なお、事業所内保育施設は平成28年4月1日以降、新規の受け付けを停止しており、補助金は継続されているものの、新規については企業主導型保育の事業に一本化されています。

これまでの認可外保育施設との違い

企業主導型保育の施設は、認可外保育施設ですが、補助金を受けるにあたって、これまでの認可外保育施設とは基準が異なっている部分もあ

ります。一番大きく違ってくるのは、必要な保育室の面積です。

　認可外保育施設でも企業主導型保育施設でも、歩けない子どものためのスペースであるほふく室と、それ以上の子どもの保育室は明確に区切る必要はあります。ですが、認可外保育施設の場合は0〜5歳児に必要とされるスペースはすべて同じで1人当たり1.65m^{2}です。

　企業主導型保育施設の場合は、0歳児と1歳児は3.3m^2、2〜5歳児については1.98m^{2}です。これは認可保育施設の最低基準と同じ面積になります。

年齢	認可外保育施設	企業主導型保育施設
0歳	1.65m^2	3.3m^2
1歳	1.65m^2	3.3m^2
2歳	1.65m^2	1.98m^2
3歳	1.65m^2	1.98m^2
4歳	1.65m^2	1.98m^2
5歳	1.65m^2	1.98m^2

　また、もう1つ大きく違う点として、給食方法があります。

　企業主導型保育施設では、0歳から2歳に関しては、調理室を必ず設けて自園給食をしなければなりません。これは小規模保育と同じです（p.29参照）。

　また、小規模保育と同じように、0歳から2歳までについては、給食費を親から請求してはいけないことになっています。ところが、3歳以上は、食費を別にもらってもよくなります。管理栄養士がいて、保育園の子どもが食べるのにふさわしい食事が提供できること、という縛りはありますが、業者に給食を依頼することも可能です。

　認可外保育施設の場合は調理室もいりませんし、0〜2歳の子どもについても、業者やあるいは保護者から提供されたものでも構いません。

　この保育面積と0〜2歳の給食についてが、施設面で認可保育施設に準

じる形になり、従来の認可外保育施設と大きく異なる点です。

また、利用できる人の違いもあります。認可外保育施設は利用者の制限はありませんが、企業主導型保育の場合は、前述のように、厚生年金に加入している企業の従業員が基本となります。

企業主導型の補助金

企業主導型保育の補助金は、大きく2つに分かれます。1つは設備費です。新しい保育施設を作る建設に関わる費用を出します、というものです。いろいろ条件はあり、毎年の実施要項によって若干変化しているものの、基本的に8千万円近くまで出ることになっています。もちろんこれは内装工事でも同じです。

設備助成申請には、平面図、配置図、案内図の他に建設費の見積等が必要なため、事前に一級建築士に相談の上進めてください。

その見積も民間工事請負会社の2社の見積を比較して安い方を出します。これはガイドラインで決まっています。

平面図と見積を専門家が見れば、金額が妥当かどうかはだいたいわかります。ただ、塀や園庭などの付帯工事もありますし、水の再利用やソーラーシステムなども補助金で賄えます。豪雪地帯であれば融雪設備の工事なども含められます。ただ、公の補助金での工事ですので、施工会社は入札で決めなければいけません。

補助金のもう1つは、運営費です。

運営費は、子ども1人当たり月額いくら、という形で計算され、そこに保育士の割合や、延長保育をしたかなどで加算されます。条件を満たしていることを児童育成協会に申請し、審査の上問題がなければ、補助金がおります。

新設の場合は、建設費が決まれば、運営費も通ります。もちろん、運営費単体での申請も出せます。企業主導型保育の補助金は年度ごとなの

で、一度補助金をもらったらその後も自動的におりてくるわけではなく、毎年申請を出さなくてはなりません。その際も、月ごとに在籍する子どもを集計し、報告したうえで、年間の申請額を出さなければいけません。

　現在運営費を助成していて、子どもが在籍している保育園の補助金を急に止めるということはありませんので、子どもがいる限り継続はできると思いますが、新規については、待機児童が減ってくれば、申請は通りにくくなっていくでしょう。

　この補助金は、国の予算に影響されます。そのため、例えば政権が安定しない場合などは、影響を大きく受けることもあるでしょう。

　運営費の中で、子どもの人数にかかわらず必ず入ってくるのは、賃貸料です。先生のお給料などは子ども1人当たりに支払われる補助金から出すので、子どもがいないと入ってきません。ですが、先生がいないと子どもは預かれないのです。

　また、連携推進員とよばれる事務員に対しての補助金もあります。これは事務員が雇われていれば払われるものです。同じ人件費においても、保育士の分は子どもがいなければ入ってこないのに対し、事務員の分は雇用していれば支払われます。

　認可保育施設のように4月から開園と決まっていれば募集もしやすいですが、何月から開園と決められないと募集もかけられません。本園（ラ・フェリーチェ保育園）の場合も、児童育成協会に12月からの補助金を申請しましたが、補助金がおりたのは3月からでした。補助金の支払いは決定された日が始まりになりますから、それ以前のものは支払いの対象とはならず、この期間の運営費は自分で払わなければなりません。継続の場合は、1年分の予算を作って1年ごとにまとめて申請できます。

　申請手続きの遅延については、それだけ申し込みをする企業が多く、児童育成協会のマンパワーとのバランスがとれていないということでしょう。期日までに出せば決まった期間に補助金がおりる認可保育施設とは違ってきますので、留意すべきです。

企業主導型の保育料

　保育料は、利用者から保育施設に支払われる料金です。企業主導型保育の場合は、極端な話をすれば、保育料をゼロにすることもできます。企業主導型保育には料金の基準があり、その基準よりも必要以上に高くすることは認められていません。ですが、低くする分には「地域の実情を鑑みて」という形で認められており、下限が設けられておりません。正社員とパート勤務に差を付けたり、ゼロにするところも実際にあります。

　そうなってくると、認可保育施設に入れるよりも、その企業に勤めて企業の保育施設に入れた方が利用者にメリットが出てきます。よく、企業主導型保育で子どもが3〜4ヶ月で退園していってしまい、居着かないというご相談を受けるのですが、話を聞くと、保育料を基準額に設定していることが多いのです。認可保育施設の保育料は両親の収入によって変わってくるので一概にはいえませんが、利用者によっては企業主導型保育の基準額は認可保育施設より高くなってしまうということもあるのです。

　その場合、企業主導型保育は、認可保育施設へのステップになってしまいます。企業主導型の保育施設に入ると、認可保育施設に入るための点数が高くなる地域がほとんどなのです。そうすると、認可保育施設の保育料の方が安ければ、とりあえず企業主導型保育の施設に入り、認可保育施設の申請を出して、3〜4ヶ月で認可保育施設に移っていく、ということも多かったのです。

　企業主導型保育の要綱を読むと、基準の保育料を下げてもいけないのでは、という捉え方をされる方が多いのですが、そうではない、ということをぜひ知っておいて頂きたいです。

　入れ替わりがあっても、全体として定員が満たされていれば、運営上の問題はないように思いますが、子どもの出入りが多くなってしまうと、

子どもと保育士、施設全体の雰囲気としての安定性、保育の質などが上がってこない、結果として施設の魅力が低くなってしまうという問題にもなります。

企業主導型保育施設を作る際に、保育料をいくらにするのかは、保育の質につながってくるという意識を持っている必要があります。

定員いっぱいの収入を考えれば、保育料はできる限り高く設定した方がいいのは当たり前ですが、逆に定員の充足率で考えると、安い方が充足率が上がり、トータルで考えると、収益的にはあまり変わらないということもあります。

◎保育料月額27,000円、補助金1人当たり月額157,000円で15／19人の場合
保育料：27,000円×15人＝405,000円
補助金：157,000円×15人＝2,355,000円
合計　2,760,000円

◎保育料月額18,000円、補助金1人当たり月額157,000円で19／19人の場合
保育料：18,000円×19人＝342,000円
補助金：157,000円×19人＝2,983,000円
合計　3,325,000円

また、保育の質は、保育料を安くして定着率を高めた方が圧倒的に上がるということを、企業主導型保育の場合、経営者や担当者に一番考えて頂きたいです。現場の保育士は子どもの出入りが施設の雰囲気に影響を与えることを実感として知っていますが、そういった数値化しづらい問題は、なかなか企業の担当者や経営者には伝わりにくいのが現状です。

保育料を下げることが可能であれば、充足率と定着率が上がり、保育の質は高まっていきます。そちらの方が、利用者、経営者、従業員、もちろん子どもにとってもいいことであり、企業としては目指していくべ

き方向なのではないかと思います。

企業主導型保育のメリットデメリット

企業主導型保育のデメリット1　方針の変化

　企業主導型保育事業は、2016年に始まった新しい事業です。そのため、運用の仕方、補助金の付け方を含めて、試行錯誤の中でやっているという印象を受けます。地域枠の扱い（p.69参照）についても、待機児童解消のための「弾力的運用」として、基準から外れた状態を追認していたものから、基準を順守してほしいという方向へ、年ごとに方針が変わってきています。

　このあたりは、後からできた制度なので、既存の保育施設との兼ね合いもあり、妥協点や落としどころを探ったり、事前には予想できなかった問題への対処など様々な要因があるのでしょう。実際、地域枠の運用については、毎年利用者との契約をやり直すよう求められています。ということはその地域に空いている認可保育施設があった場合、企業主導型保育施設で引き受けるべきではないということだと思います。

　0～2歳という年齢に特化した待機児童の吸収は、本来小規模保育で行われるべきものですが、そういった部分で企業主導型保育が小規模保育に近づいていってしまっているという印象は受けます。

　それをどうにか切り分けていって、小規模保育と企業主導型保育がうまくすみ分けられるようになるまで、この調整は続くでしょう。すでに小規模保育は、目的も手段も手法も、だいぶ確立されているので、企業主導型保育の方が、試行錯誤を繰り返し、落ち着き先を探している状態のように思います。

　そういった意味で、企業主導型保育の不安定な状況は、安定した事業

を目指すうえでは、デメリットになるのです。

> 企業主導型保育のデメリット1
> ・制度が新しいため、規制や方針が変わる可能性がある

企業主導型保育のデメリット2　読めない申請許可

　前述した企業主導型保育の不安定さの中でも、事業をやるうえで大きなデメリットとなるのが、申請をして認可されるまでの期間がわからないことです。

　小規模保育であれば、市町村などが4月1日の開園にできるだけ足並みをそろえたいこともあって、いつまでに申請すればいつ許可をもらえて、いつから開園できるか、スケジュールが決められていることが多く、開園までにどのぐらいの金額が必要かもわかりやすくなります。

　しかし、企業主導型保育は、募集の締め切り期間はあるものの、その期間に応募した事業者への返答期間は特に決められていません。また、企業主導型保育は小規模保育に比べると、圧倒的に申請のハードルが低く、申請方法（p.109参照）もウェブサイトで申請を出すだけと簡単なので、児童育成協会のマンパワーが追い付かないほどの多数の応募があることは容易に予想されます。

　そのため、申請への返答がいつになるか予想が付かないのです。実際に、本園では9月に応募し、12月からの補助金を申請したのですが、申請が通って補助金が出たのは3月からです（p.102参照）。

　本園はもともと認可外保育施設として経営していて、補助金の出ない期間も利用者の保育料で経営できていたので問題はなかったのですが、新しく企業主導型保育を始めようとした場合、認可外保育施設並みの利用料を設定するわけにはいかないので、申請がおりて補助金が入るまで、補助金の見込みの部分を、自己資金で補わなければいけません。その分

の資金が足りなかった場合、最悪は申請待ちのまま破綻してしまう恐れがあるのです。

> 企業主導型保育のデメリット2
> ・いつ補助金の申請が通るのか予想しづらい

企業主導型保育のメリット1　立ち上げ期間

　今までの保育所、幼稚園というのは作るのに時間がかかります。以前は、1つの施設を作るのに7～8年かかるといわれていました。だんだんスピードアップしているとはいうものの、どうしても足掛け3年ぐらいは必要になります。

　ところが企業主導型保育は早ければ半年、長くても1年ほどで始められるというメリットがあります。企業も、そこまで長いスパンでは考えていないので、需要には応えやすいのです。

　どちらかといえば今までは、「待機児童対策は大切だが、保育の質や安全対策は絶対的に担保していかなくてはいけない」としていたので、当然スピードは上げられませんでした。

　企業主導型保育の場合は、質や安全面に考慮していないわけではありませんが、今までの保育所に比べれば、速度の優先順位が高くなっています。申請もウェブサイトで行い、返答や修正依頼もメールで来ます。担当者と協議し、紙の書類を持参し、修正をまた紙で出し…とやっていた作業も省かれ、確認側も入力側も作業としては極力省力化された形になっています。

> 企業主導型保育のメリット1
> ・立ち上げが認可保育所より早くできる可能性が高い

企業主導型保育のメリット2　多彩な戦略

　認可保育施設の補助金に比べて、企業主導型保育の補助金の額は同じぐらいですが、企業主導型保育の方が縛りが少ない面もあります。

　認可保育施設は、基本的に土曜日もやらなければいけないし、1日に11時間以上やらなくてはならないなど、時間の縛りがありますが、企業主導型保育は土曜日はやらなくてもよく、時間も決まっていません。平日の9時〜17時という、最も利用者の多い時間にだけしぼって運営費を抑えたり、逆に認可保育施設が普通はやらない日曜日にやるという戦略も考えられます。

　企業主導型保育の場合、子どもの定員もないため、自前で施設を作る分には100人でも200人でも集められます。保育士は半分まででもいいので、あとは保育士と同じような仕事をするために研修を受け、かつ有用な人材を雇うこともできます。例えば外国語が堪能な人や体験活動などのスキルを持っている人に研修を受けてもらうなども考えられます。保育所は保育士でなければできないので、そこは大きく違います。

　例えば、外国人が多い地域などでは、その言語ができる人がいれば、外国籍の子どもたちにとってもいい保育ができますし、利用者もコミュニケーションがとれて安心して預けられます。

　また、これからはロボット技術やAIなど、新しい技術も、企業によってはどんどんとり入れていけるでしょう。例えば、貼り付けて呼吸や体温を常時測定できるような、子どもの体調管理や入退園を管理するデバイスなり技術なりは、今後確実に進歩していくと思われます。その場合、企業主導型保育はそれらを積極的にとり入れていくことにハードル

は低いだろうと思います。そういった適応力という面でも、企業主導型保育の強みが出るのではないかと思います。

この先待機児童が減ってきても、施設を利用する子どもがいる以上は、現在補助金を得ている企業主導型保育施設への補助金がなくなることはないでしょう。子どもがいれば続きますし、定員を満たせなくなればやっていけなくなってやめてしまうことになります。そこは競争力の問題になってきます。その際、いろいろなやり方をとれることは、確実に大きなメリットになってきます。

> 企業主導型保育のメリット2
> ・縛りが少なくいろいろなやり方が考えられる

利用者のメリットデメリット

運営側でなく、施設を利用する利用者にとっても、企業主導型保育は認可保育施設とは違ったメリットデメリットがあります。

企業主導型保育を利用する利用者にとって一番大きなメリットは、入所予約が確定できるという点です。認可保育施設は、11月ごろに地方自治体に申し込んで、決定するのが2月ごろです。受け付けは年に数回ある地域もありますが、時期は自分で決められず、入れるかどうかも、正社員かパートかなどの点数付けによって優先順位が決まってしまって、自分ではどうしようもできません。4月から預ける予定で仕事を決めたとしても、2月の時点で保育施設の選考に漏れてしまうと、仕事を諦めるか、ぎりぎりになってなんとか空きのある認可外保育施設を探すことになります。その点、企業主導型保育を含む認可外保育施設は、保育施設と利用者の間で合意がなされれば、いつからでも子どもを預けることができ、また預け先がある働き先を見つけるなど、利用者側の選択の幅が広がります。

利用者から見た企業主導型保育のデメリットとしては、自分が働いている企業の保育施設の場合、施設と利用者の関係の他に、雇用主と雇用者の関係も入ってくることです。立場が弱い雇用者であれば、施設に不満があっても、なかなか文句がいえなくなってしまうでしょう。逆に力関係が強い雇用者であれば、どんどんいえるのかもしれません。

利用者のメリット
・入所予約が確定できる
利用者のデメリット
・施設と利用者に雇用主と雇用者の関係がプラスされる

企業主導型保育の気を付けるべき事

　先日、大きな企業が企業主導型保育を始めたいとの相談にみえたのですが、先方が想定した平面図を見ても、根本の考え方が違うことを感じます。
　このケースでは、十分に広い敷地があるにもかかわらず、保育に直接関係のない会議室や談話室のスペースをとったり、調理室の前に調理準備室、無駄に多いトイレなどがありました。それは保育士や利用者の意見を聞いて、あったらいいといわれたものを盛り込んだ結果なのですが、残ったスペースを保育室にしたところ、保育室がL字型になり、面積も少なくなってしまっていました。
　設計したのが保育施設の専門家ではなくて、店舗設計の人とのことですが、働く人のニーズを汲むあまり、現実的な保育施設としては、使い勝手の悪い保育室になってしまっています。
　私からは、一番条件のいい場所にまず保育室を作り、空いた場所にどうしても必要なものから配置していくようにしてください、というアド

バイスをしました。床も無垢材にして床暖房を使うという計画だったのですが、メンテナンスを考えると現実的ではありません。子どもはこぼすことも、漏らすことも、吐くことも頻繁にあります。その場合、無垢材だとシミが付いてしまったり、またおもちゃを落として傷が付くと、ささくれてとげが刺さったりします。または単純に転ぶと痛いということもあります。

　また、その保育園は365日保育園をコンセプトにしているのですが、フローリングはワックスがけなどのメンテナンスを頻繁にする必要がありますし、張り替えが必要な場合、費用と工期がクッションフロアと比べて高く、長くかかります。その期間園を休みにできるのか、といったことまで考えられていないように感じました。こだわりがあるのはいいことですが、使い勝手やメンテナンスのことを優先して考えるべきです。

　保育士の意見を聞くにしても、保育士はトータルとしての保育園の施設がどうあるべきか、考えている人はあまりいないのではないかと思います。使用者として個別に比較はできますが、全体として考える視点は持っていないので、要望を全部汲んでいくとかえって使いづらいことになる可能性もあります。

　企業主導型保育の補助金額には上限がありますが、もらえるものであれば、ついお金をかけたくなるものです。保育室はがらんどうなので、広くすれば広くするほど、建築費は下がっていきます。

　しかし、例えばエアコンでも、導入費は補助金で賄えても、たくさんつければ電気代はかかるし、壊れたら修理費もかかるのです。今までの保育所であれば、いろいろな目的で使える多目的ホールや、冬は板を置いて遊び場に、夏は水場にできる施設など、そういったものにコストをかけていることが多いようです。

　企業主導型保育施設を企業が新設する場合、一番初めに陥る問題がこういった施設面です。立地と同じように、一度建ててしまったらそうそう変えられないので、外観や内装にこだわるあまり、本来重要な部分が

後回しにならないよう、重々考えていくべきです。

どうしたらいいかは簡単な話で、まずは施設の定員が決まったら、一番いい場所に一番いい形で保育室を作ります。それから付属するものを、必要なものから配置していきます。

それからもう1つ、メンテナンスに手間やお金がかからないものを選ぶべきです。床材でいえば、クッションフロアは一番安いものです。フローリングに比べると費用は3分の1や4分の1です。張り替えも、クッションフロアなら半日ですが、フローリングなら2, 3日かかります。

そのあたりがクリアされてノウハウが溜まってくると、柔軟な対応のできる企業主導型の強みが出てくるのではないかと思います。

・保育施設ならではの使い勝手やメンテナンスを考えるべき

企業主導型保育の問題

企業の福利厚生などのために始める保育施設では、もとの考え方、つまりなんのためにやるのか、そのために負うリスクはなんなのか、というところに違いが出てきます。

企業主導型保育の場合は、自社の社員の子どもだけでなく、地域の子どもたちも預かることができますので、大きな施設で大人数を集めて経営することもできます。大きくなると、それだけ子ども1人当たりにかかる運営コストは下がってきますから、利益が出てきてしまいます。利益が出てしまうと、利益を追求するという企業の性質上、そちらが目的になってしまう可能性もあります。利益を目的とするようになってくると、保育の質の優先順位が下がってくるようなこともあります。

特に企業主導型保育の場合は基本的に従業員の子どもを預かるので、全体が外から見えづらく、何か問題が起こっても、雇用関係があるため、

外に出にくいという問題があります。

　また、それをどこが監査するのかという問題もあります。企業主導型は認可外保育施設になるので、それぞれの市町村が予算を出していません。都道府県が設置を許可し、市町村は下請けのような形で、条件に合っているか確認をしますが、市町村というのは予算の配分が主な仕事で、そうでない部分は積極的にやろうという形にはなかなかならないのです。

　今、企業主導型保育を始める企業が増えてきているのには、補助金が付いているうちに、できることはやっておこうと考える企業が多いという背景もあります。建物の設備にも補助金がかなり出るので、本当に子どもが集まるのか、将来的に施設をどうしていくのかということもあまり考えずに、始めてしまうということもあるのです。

　その他、保育のノウハウが少ないことと、収入が決まっている中で、いかにコストを下げるかという考え方に行ってしまいがちなところ、また、もともとの企業の体質がいわゆるブラックであれば、それが保育施設にも影響してくる面も懸念されます。

　上記のいずれにせよ、保育の質の低下につながりかねないのが問題です。

　しかし、間違いなく今まで認可保育施設しかやっていない事業者よりも、一般企業の方が生き残りをかけた情報収集力や適応力、コスト削減力は高いので、競争力を高めるため、保育の質を下げずに効率的に運営していくノウハウはすぐに蓄積されていくことと思います。そうなった時、従来のやり方のみでは、厳しい状況になっていくものと思われます。

- なんのためにやるのか、将来性まで考えてから始める
- 利益を追求するために保育の質を下げることはすべきではない

企業主導型保育の人材不足

　企業主導型保育を始めようとして起こりがちな問題が、施設の管理運営を任せられる人材が見つからないことです。保育事業をやったことのない企業が考えがちなのが、保育施設なのだから、保育士を募集して、その方たちに任せれば大丈夫だろうということです。

　ところが実際募集し、採用した人にいざお願いしてみると、保育士では現場のこと、保育のことはわかるが、書式や書類のことはわからないとなって困る、ということが起きています。

　保育士の専門学校や大学、短大では管理者を養成するような授業は一般的でなく、現場でも事務は事務員を雇い、保育士は保育だけやってください、という形が今までは一般的でした。

　ところが、スタッフの少ない小規模保育や企業主導型保育の場合は両方が求められます。経理の部分は会社のスタッフができるでしょうが、健康や安全に関わる書式など保育的な業務の事務に関しては担う人がおらず、困っているというのが現状です。

　保育雑誌などにも書式は出ていないわけではないのですが、保育士を対象とした雑誌に載っているのは、年間計画や週案、日案といった、本当に現場の保育士が必要とするもの、あるいはその書き方が多く、全体としてどういう書式が必要なのかといった体系的なものはありません。

　認可外保育施設も地方自治体の監査は受けなければいけないので、その監査に必要な書類を作成することも必要になってきます。各自治体が保育施設に求める書類は、基本的なものは同じなのですが、特にここを重視するといった部分にかなり差があるようです。例えば、その地域で乳幼児の突然死が起こってしまった場合は、安全管理や、午睡のチェックなどの部分が厳しくなるなど、やはり問題が起これば それに対応した部分が変わってきます。

これは構造的な問題でもあります。今は保育施設の管理を教えてくれるところがほとんどないのです。もっといえば保育施設がそれぞれどう違うか、認可や地方自治体との関係を含めて保育の社会的状況がどうなっているのかを教えるようなカリキュラムが大学や専門学校にもなく、教えられる先生もいない状態です。

　これは過去に他の学部でもあったことで、例えば経済学部では、マルクス経済学といったことはやっても、実際の会社でどういった運営をしているのかといった現場の流れはまったくわからず、そういったものは大学を卒業してからそれぞれの会社で学ぶのが一般的になっているといったようなこともありました。しかし、会社側も終身雇用制度がなくなってくると、時間をかけて運営のできる人材を育てていく余裕もなくなってきます。

　保育園、幼稚園でも同じような問題があり、どんどん新しい施設を立ち上げていかなくてはならないものの、管理できる人材が基本となる情報を入手していないような状態で、なかなか次世代の管理者が育たない、あるいはそういう人たちを育てようというシステムも保育園の中では作るだけの余裕も時間もないのです。

　こういった現状を変えるためには、保育園経営も大学や専門学校の教科に入れていったり、卒業生を対象とした講座でやったりしていかなくてはいけないと思います。そうしていかないと、施設による保育の質は個人の資質に負うところ大きくなり、ばらつきが大きくなっていきます。

・保育士だからといって保育施設の管理運営ができるわけではない
・管理運営できる人材は今のところ不足している

企業主導型保育の将来性

　企業主導型には、設置者で分けるカテゴリ（p.68参照）とは別に、設置場所によっての種類分けもあります。工業団地型や駅前型などがありますが、こちらも、補助金などに差はありません。
　どちらにせよ、基本は自社の従業員の子どもを預かるのが主ですが、地域枠や、共同設置、また設置者以外の企業も契約をすれば利用できるなど、様々な事業のやり方が提示されており、保育事業を目的としたものも許可されているのが現状です。
　入れる子どもの条件を厳しくすると、作りづらくなったり、作った後に維持できないためだと思われます。企業がいい雇用をしていれば、従業員は長く務めることになり、従業員の保育施設の需要は落ちていくのが必然だからです。企業が成長し続けていくのであれば新しい従業員も増えていくでしょうが、なかなかそうもいかなければ、従業員だけでは保育施設を維持できなくなることは容易に想像がつきます。
　そういう意味では、ある程度大きな企業でなければ、自社の従業員の福利だけを目的とすると作りづらく、継続性も難しいのです。何年かたったら子どもがいなくなるということがわかっていても、保育事業としてやってもいいという、目的としては玉虫色のところもあるからこそ各企業はのりやすい面もあるのでしょう。企業の選択肢が増えたという意味では、評価されるべきところだと思います。
　しかし、自社の社員以外を利用者として想定するのであれば、いろいろなやり方があるということは考えていかなければいけないところです（p.81参照）。
　特に保育事業は、利益を見込めることに加えて、地域の待機児童の解消、また利用者の使いやすい、質の高い保育を提供することで地域への貢献ができる、そういう意味においては、十分やる意味があるものだと

思います。企業主導型保育を考える際はぜひ、先々を見る上で、保育事業として続けていく可能性も否定はされないということを理解しておいて頂ければと思います。

体験談2　茨城県で企業主導型保育を始める

起業のきっかけ

　企業主導型保育の立ち上げの例として、茨城県のある市で企業主導型保育を始めた方のケースを紹介します。

　この方は、保育事業の経験はなく、他のいろいろな事業をやられていた方です。新たな事業として保育施設を考え、企業主導型保育の説明会などに参加して、計画を進めていきました。

　この場合は、その方の企業の従業員が利用するためではなく、保育事業をやりたくて始められたケースです。その方は、企業主導型保育を始めるにあたり、いくつかの企業が連携してやる共同設置型という形をとり、従業員枠は、そこで働いている保育士の子どもを違う先生が見るとか、調理師の子どもを見るということでも使っていました。

　用地は工業団地のすぐそばです。定員は20人、年齢は0～2歳までで、企業主導型保育ですが、形としては小規模保育をモデルにした、小さめの保育施設にし、工業団地にある企業と契約を結んでやっていくことを中心にしようと考えていました。

運営の問題

　建物は補助金を活用して新築することにし、申請が通りました。そしていよいよ運営の計画を考え始めた時に、はたと保育園の運営について

どうやるのか、困ってしまったわけです。

その方は当初、保育園で保育をするのは保育士なのだから、運営も経験のある保育士に聞けばわかるだろうと考えていました。保育士に関しては、知り合いの方が手伝えることがわかっていましたから、運営はその方に聞いてやっていくことを前提として計画を始めたのです。

ところが、運営には、園児の時間管理から衛生管理や安全管理、保育計画などそれぞれに必要な書類があります。保育士たちは、その書類に記入したことはあっても、書式を作ったことはないのです。そういった管理のノウハウや書式をどうやって手に入れていいのかわからなかったのです。

小規模保育であろうと企業主導型保育であろうと、過去に保育施設を運営した経験がないと、運営は難しい部分があります。実際そういった保育の独特の部分にとまどう事業者はたくさんいるようで、企業主導型保育を新たに開園するところを対象に、3日間ぐらいのコースで講習会も開かれています。

新規に保育事業を始める事業者は、保育士がいれば保育施設は運営できると考えがちです。しかし、保育士は保育はできますが、保育施設の運営ができるかというのは別問題なのです。そこのところが、他業種から見るとわかりづらいのだと思います。

保育施設は一時的な託児ではないので、保育理念や年間の計画、そこから落とし込んだ月ごと、週ごとの計画が必要になります（p.180参照）。保育士はこの計画表を書いた経験はありますが、すでにある程度のひな型があり、そこから落とし込んでいく形がほとんどです。どのようなひな型をどこで用意できるのかはわかりません。

要するに、戦術はわかるけれど戦略はわからない、業務はできるけれど管理はわからない、というのが現実です。それが保育事業への新規参入者が多い企業主導型保育の場合、大きな問題になっていると思います。

保育事業への準備

　私がこの方とつながりができたのは、その施設に給食の食材とレシピとメニューを提供している会社が本園と同じだったためです。そのころ、私もいくつか新しい保育施設の相談にのっていましたので、そういうことをやっているところがあるよ、という話が伝わり、相談をうけることになりました。

　前述のように、保育施設の運営で困っていましたので、本園において管理者としての研修という形で、数日来てもらい、保育施設において管理者として気を付けるべき点や作業の流れなどを伝え、必要な書式を一式渡しました。

　私はそういったことが苦になりませんが、どこの保育施設でも相談を受けてくれるとは限りません。ほかには、児童育成協会や日本保育協会、全国保育協議会が行っている施設長研修会に参加する方法があります。

資金調達

　また、資金の面でも、開園当初トラブルがあったといいます。企業主導型保育は、前述（p.79参照）のように、補助金がもらえる時期が読めません。

　この方の場合も、運営の問題などで、開園まで時間がかかったこと、補助金の申請から決定するまで時間が読めなかったこと、また開園してからも、毎月在籍している子どもの状態を報告し、補助金の申請を出すのですが、なかなかそれが振り込まれてこないことなどがあり、運営が苦しくなってしまいました。振り込みには一応決まりがあるのですが、運営内容の報告が終了しないと補助金の振込が1ヶ月遅れます。大きな額になるため、入ってこないと大変なことになります。そういったことが重なり、ランニングコストに詰まってしまい、追加の資金調達を銀行

にお願いすることにもなってしまいました。

　この点については今後、比較的早い段階で解消していくものと思っています。現在は、全国の施設を一元化して児童育成協会が処理しており、キャパシティよりも多くの募集があって、単純にマンパワーが足りていないものと思われます。簡単な質問でも返答があるまでに3日かかることもあります。今後処理の定型化や問題に対する答えが出尽くしていけば、この作業時間は短縮されていくものと思われます。また、単純に申請数が減ってくれば、リアクションも早くなるでしょう。

企業との契約

　保育事業を目的とした企業主導型保育施設の場合、問題となってくるのが、利用者の獲得です。今回のケースでも、協定を結んでくれる企業がなかなか出てこないというご相談を受けました。

　その際、こちらから指摘したのが協定書です。その方が作った協定書は、企業主導型保育が始まった初期のものをサンプルに作られており、契約金として契約した企業から1万円頂くものでした。この金額が問題だったのです。

　保育施設は、定員が決まっており、いくらでも入れるものではありません。企業との契約にしても、「空いていたら入れる」という契約なのです。定員がいっぱいで入れない場合、相手方にしてみれば、金額の多寡にかかわらず、「対価を払ったのにサービスが受けられない」ととられてしまうのです。

　実際、企業からの「契約金を払ったら絶対に入れてもらえるのか」という問い合わせに対し、そういうお答えをしたところ、その時は契約を見送り、後日、保育園が必要になった時に問い合わせが来て、空いていればそこから協定を結ぶという形が多くなりました。

　企業にしてみれば、必要もなく、必要な時に入れる確証もないのに、

余計な出費をしてまで契約するメリットはないのです。

　契約金については、「必要な保育料について企業も負担すべき」という子ども子育て会議での方針があり、それを受けて、サンプルに記載がありますが、必ずしも頂かなくてはいけないものではありません。企業側がその時に必要がなくても、契約をしていれば必要になった際に第一の選択肢として考えてもらえるので、契約金が原因であれば、なしにするということも選択肢として考えるといいでしょう。本園で使っている契約書を収録しました（p.191参照）ので、参考にしてみてください。

子どもが居着かない

　その方からもう1つ相談を受けた困った点は、入ってくる子どもがみんな3ヶ月くらいで退園してしまって、入退園が頻繁であるということです。そこには2つの大きな問題がありました。

　1つは定員が0歳から2歳までであるということです。その方が起業する際に、待機児童は0歳から2歳が多いという情報があり、小規模保育もそこをカバーするものだったため、年齢も小規模保育に合わせた方が効率がいいだろうということで0〜2歳にしてしまったのです。

　「効率がいい」のは経営者側の都合であって、利用者にとっては、3歳以降のことを考えると、できるだけ早く5歳まで入れる保育施設に移った方が安心できるのです。

　認可保育施設は、子どもの保護者が1人でも仕事をしていない家庭は、原則として利用できません。企業主導型保育であれば、保護者のいずれかが契約している企業に勤めれば利用できます。そうすると、今まで仕事がなかったから保育施設に入れなかった利用者が、企業主導型保育に預けて働き始めたので、認可保育施設にも入りやすくなり、認可保育施設が空いたらすぐにそちらに移るため、入退園が頻繁になっていたのです。

もう1つは、保育料の金額の問題です。この方は、児童育成協会の設定する基準の値段で保育料を設定していたのですが、基準の値段は、その地域の認可保育施設の利用料の中間あたりに設定されています。この施設の場合、主な利用者は、工業団地で製造業などのラインで働くパート勤務の人であり、パート勤務は、収入はあまり多くはないので、認可保育施設の利用料は、平均よりも低くなります。そうすると、認可保育施設の方が、保育料が安くなってしまうのです。

　その結果、利用者にとっては、企業主導型保育の施設は、仕事と保育園を両方決めることはできるが、いざ入ってみると、3歳になった時にまた移動しなければならないし、保育料も高めなので、認可保育施設にそうそうに移っていく、ということが起きていたのです。

　この問題は、やり方次第で解決が可能であると思います。ようは、認可保育施設を上回る、利用者にとってのメリットがあればいいのです。

　例えばわかりやすく保育料を下げることもできます。メイン層の認可保育施設の利用料と同額まで下げても、定員が充足されればやっていけるのであれば、考えてみる価値はあるでしょう。

　保育料を下げる考え方としては、パート勤務の利用者に特化した、平日夕方5時までのみ、土日はやらないなど開園時間を短くすることで、施設そのものの運営コストを下げていくということもできると思います。保育士も8時から5時までの時間帯が集まりやすくなります。開園時間が短くなると、入ってくる補助金の額は下がりますが、保育士の募集の問題や、人件費の問題などトータルで考えていくと、決して悪いことではないし、むしろそういったことをして保育料を下げれば、今まで保育施設に入れなかった人たちも利用できますから、利用者層を選択して集めるということも可能なわけです。パート勤務が多い企業と提携してどんどん入ってもらう、その代わりこちらの保育園では土日はやりませんということも十分ありなのです。

　もともと、職場の近くという立地のメリットがあるので、保育料の問

題を解決すれば、そうそう退園していくこともないと思われます。3歳の壁問題はどうにもなりませんが、年齢が小さいほど、熱や体調不良で急なお迎え、ということは多くなるので、その時に企業と契約している、近くにある、などの点を利用者に大きなメリットとしてプレゼンしていくことも1つの手であると思います。

企業主導型を始める際に考えること

　この保育園は0歳から2歳で定員は20人、小規模保育とほぼ同じ形です。待機児童は0歳から2歳が多いという客観的な事実を考えてのことで、起業する際に、顧客が多い層を狙うのは当たり前のやり方でもあります。しかし、他の事業に比べて、保育事業は、数字に出ない利用者の気持ちが影響する割合が高いのです。この例の場合、工業団地という非常にいい立地のメリットを持ちながら、定員を2歳までとしたことで、本来発揮できる競争力をつぶしてしまい、認可保育施設に入るまでのステップとして捉えられてしまっているのがもったいない部分です。

　入れ替わりが激しいことは、経営という見えている部分以上の影響もあります。働いている人にとっては、新しい子どもがいつもいつも来て、落ち着かないのは、問題とはいわないまでも、魅力に欠ける部分です。やはりずっと1人の子どもの成長を見ていくというのが、保育施設の先生たちにとっては大きなモチベーションにもなるのです。

　また、子どもにとってもマイナスであることは容易に想像がつくと思います。そして、子どもが落ち着かないことは、利用者にも影響します。

　ですので、3歳から5歳というのは需要としては少ないのかもしれませんが、職場として、保育施設としての魅力を上げることができ、利用者の獲得と定着には大きな影響があるでしょう。

　企業主導型保育でやっていく場合には、スペックを増やすことは可能です。新しく建物を建てることもできます。ただ、施設費としての補助

金申請は2回目はできません。作ってしまって、3歳から5歳の需要がなければ他の用途に転用する、というやり方も考えられますので、敷地が確保できるのであれば、そちらの方がよかったのではないかと思います。そのスペースを、例えば、小学校以上の子どもを放課後に預かる学童施設など他の用途に使うことも考えられます。

体験談3　小規模保育と企業主導型保育の併用

私が小規模保育を始めるまで

　最後に、本園についてご紹介したいと思います。

　本園は、もともと茨城県つくば市で、2010年に、認可外保育施設として開園しました。当初は別の企業が経営し、私が園長として雇われている形でしたが、東関東大震災の折、利用者が激減し、企業が閉園を検討していたところで、私がNPO法人を立ち上げて、経営も引き継ぐことになりました。

　当初は面積65m^2、定員30人（年齢ごとの定員がない混合保育）という規模でやっていましたが、駅から徒歩5分という立地もあり、震災による影響が落ちついた後は毎年定員を満たすことはできていました。2013年には隣接する敷地も借り、定員を42人に広げました。しかし、新制度で補助金がもらえれば、より保育の質を上げ、利用者の負担を減らすことができます。そのため、子ども子育て会議の経緯を見守り、小規模保育の制度が始まると同時に申請を出しました。

　その結果、平成29年4月から小規模保育に認可され、つくば市の小規模保育施設の第1弾として、運営がスタートしました。

3歳の壁

その際に、悩んだのが3歳以上です。これまでの認可外保育施設は5歳までを対象とし、3〜5歳も在籍していました。しかし、小規模保育の対象は2歳までです。そこで、小規模保育への移行に合わせて、3歳以上のお子さんの保育の場として、隣接した場所に新しい園舎を建てて、「ラ・フェリーチェ保育園うさぎ組」という形で新しく認可外保育施設を設立し、届け出をしました。そして、こちらを企業主導型保育として申請することにしました。

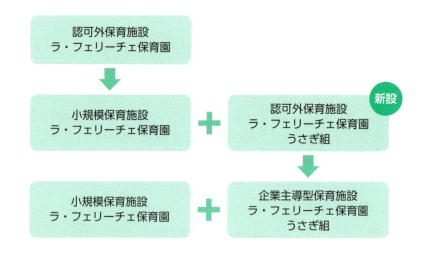

企業主導型保育という選択

そもそもなぜ企業主導型保育にしようと思ったかというと、やはり補助金が受けられるというのが大きな理由です。補助金の額もほぼ認可保育施設と変わらず、むしろ若干単価が高いようにも思います。いい切れないのは、補助金額は基本的に子どもの数に比例するのですが、他にも地域や職員の状況、延長保育や病児保育など、いくつもの加算項目があ

るため、一概にはいえないからです。

　補助を受けない認可外保育施設だと、経営はすべて利用者からの保育料でやっていくしかないのですが、企業主導型保育の場合、保育料の基準が定められており、必要以上に高い保育料をとることはできません。今までの認可外の保育料がこの基準よりも高ければ（当然高いと思うのですが）その分利用者の負担は少なくなります。その代わり、在籍する子ども1人当たりにいくら、という形で補助金が運営費として支払われるのです。その収入も、補助を受けない認可外保育施設に比べれば、非常に余裕のあるものになります。

企業主導型保育の申請

　「ラ・フェリーチェ保育園うさぎ組」は小規模保育を卒園した園児の受け皿であるため、定員を3歳から5歳までに限定しており、企業主導型保育として認められるかどうかが懸念されたのですが、児童育成協会に連絡したところ、いくつかの条件が合えば大丈夫ですという返事をもらいました。

　条件の1つは、認可外保育施設の設立年数です。過去に2年以上認可外保育施設をやっていた場合、企業主導型保育に移ることは非常に難しくなります。その場合、例えば定員数の空きの部分だけが企業主導型保育の補助対象になるなど、細かい縛りがあるのです。本園の場合、新しく施設を作った、まったく新しい認可外保育施設であるということで条件をクリアできました。

　また、定員が3～5歳になっていることについても、今までの認可外保育施設が小規模保育施設になり、そこの卒園生である3歳以上の子どもを預かるという明確な利用者が存在しているということもあって、申請条件をクリアすることができました。

　認可外保育施設としてスタートした平成29年度の第1次募集には間に

合わなかったのですが、第2次募集が9月から行われたので、平成29年の9月6日に企業主導型保育の申請をしました。

　一度は1週間ほどで連絡があり、単独設置で申請した項目を、保育事業者設置型（p.68参照）に変更した方がいいという提案を受けました。単独設置型でも、他の企業の従業員の子どもを契約して預かることは可能ですし、共同でやる場合はもちろん複数の企業の従業員の子どもを預かれます。保育事業者設置型はいわずもがなです。なので、そこにどういう違いがあるのかは、よくわかりません。児童育成協会側としてもそれぞれに何施設、など枠を設けているなどでもないようです。

　その点を変更し、9月22日に送りました。申請の際、審査に時間がかかるのはわかっていたので、平成29年12月～平成30年3月の4ヶ月分を平成29年度の補助金として申請しました。ところがその後は何度か連絡をしたものの、申請をした順番で審査しているのでお待ちくださいという返答で、結局12月になっても連絡はありませんでした。

　その後1月末になって、やっと2回目の修正依頼が入りました。修正の内容はさほど大きなものはなかったのですが、特に図面の問題で時間とお金がかかりました。

平面図は一級建築士に

　「ラ・フェリーチェ保育園うさぎ組」は、もともと認可外保育施設の届出を、茨城県に平成29年4月1日付けで出しています。その際、平面図や案内図、配置図も付けて出していましたので、同じものをそのまま企業主導型の申請にも出しました。これは自分でパソコンを使って作った簡単なものでしたが、企業主導型保育の申請の際、図面については1級建築士に依頼してください、との要請がありました。企業主導型保育施設の基準として、0歳児と1歳児は$3.3m^2$、2歳以上は$1.98m^2$が必要になりますが、それがすべて自己申告の上での審査になり、この時点では係の

人が検査に来るということはありません。となってくると、それだけの保育面積や保育施設がちゃんとあるのかどうかということを、一級建築士の名前で出すことで保証してもらおうということのようでした。

　そのため、一級建築士に新しく図面を書いて頂いたのですが、これが今回の申請の費用として一番かかったところです。図面として必要なのは平面図、立体図、配置図、案内図（園庭がない場合の代替として使う公園までの距離と経路を示すもの）です。そのうち、平面図と立体図と配置図を一級建築士の名前で出すことが求められました。案内図については、既存の地図を使ったものでも大丈夫です。

　これからテナントを探す際には、避難路も含めて、2方向の出口を確保したうえで、トイレや調理室の面積を引いて必要な面積が確保できるかどうかの計算も含め、最初から建築士の方に、申請の前に書いてもらうのがいいでしょう。

　その書き方も、一般の住宅や工場とは、その記載する内容について、かなり違うところがあります。面積だけではなくて、例えば必要採光面積が全体の20％以上なければいけないとか、あるいは換気計算や排煙も全部計算して結果を記入しなければなりません。新しい建物を作るとなれば、関連省庁への事前の協議の内容を記入する必要もあります。ですから、必要事項を確認して、サンプルを事前に用意し（児童育成協会でも出してくれます）、建築士にお願いをした方がいいでしょう。

　図面を書いてもらうには、費用が必要になります。一般にいわれているのは、図面1枚最低5万円という相場です。これは公定価格があるわけではないので、交渉になりますが、だいたいそのぐらいはかかってくると考えておいた方がいいでしょう。この3枚の図面で少なく見積もっても15万円ぐらいはかかるのです。

　これは申請に必要なので、その結果申請が通らなくてもかかる経費になります。他のものはどうしてもお金をかけて作らなければならないものはないのですが、この部分だけは必要になってきます。

企業主導型はいつになるかわからない

　1月30日に図面を含めた再提出の依頼があり、建築士に頼んだりして、2月10日前後に再提出の書類を出しました。その結果、2月22日付けで助成が決定し、平成29年度は3月分のみ助成が受けられる結果となりました。

　ともかくいつ助成が決定するのかわからず、認可保育施設に比べると本当に先が読めません。例えば認可保育施設だとすべてが4月スタートを基本に考えるというのがあるので、申請や認可決定などの書類の締め切りがかなりきっちり決まっていて、そのステップを踏んでいけば、期限通りに認可されることが多いのですが、企業主導型保育の場合、それが今のところできていないのが現状です。

　企業主導型保育は、厚生年金の一部として子ども・子育て拠出金を払っている企業であれば、どこでも申請できます。何万人もいる単位の大企業から、本園の様に10人や20人の規模でも、それこそ1人でも構わないのです。審査は、大企業だから早いわけでもなく、申請した順番でもないとされています。どういう順番で審査をしているのかはよくわからないのですが、たくさん受け付けて、それを処理していくのにすごく時間がかかっているという状態です。

　本園の申請が進んだ背景には、国の政策の動向も関係していると思われます。補助金を決めるためには、予算が必要なわけですが、これは児童育成協会が独自にお金を作っているわけではありません。内閣府から、国の予算案を通ったお金が出てくるのです。そのため、その年の予算を使い切ってしまうと、申請の中身が問題なくても、補助金の決定ができないということになります。

　実は本園の2度目の連絡が来た日は、国会で補正予算が通った日でした。その補正予算の中には待機児童対策として、企業主導型保育に対する2万人分の予算も含まれていたため、そのあたりの影響もあるのだろ

うと思います。

　2月22日に申請が通り、3月1日現在で園に在籍している子どもの数×補助金が運営費としておりることになりました。そのため、2月22日から1週間の間に、利用者に説明し、勤め先から必要な書類を頂くとか、企業主導型保育としてのラ・フェリーチェ保育園うさぎ組への入園の手続きをするという非常にタイトなスケジュールとなりました。

　本園はすでに在籍している子どもが対象になっているので、利用者への書類のお願いも問題なくできたのですが、新設の場合は、2月22日に申請が通ったので3月から開園します、1週間で園児を募集します、というのは難しい話だと思います。

企業主導型の契約

　前述の通り、申請が通ってから、企業主導型保育に移るために必要な書類を利用者の方にお願いすることになりました。必要なものは主に2つです。

　利用者の勤める企業と本園の間での、利用の協定書（p.191参照）が1つ。もう1つは、子どもの保護者全員分の勤務証明書（p.195参照）です。利用協定書については、決まった形はありません。児童育成協会が発行している説明書でも、「利用契約においては、契約の形式は問わないが、利用を行う企業の利用定員数及び費用負担を明確にする」「従業員枠を利用する企業は子ども・子育て拠出金を拠出している事業者である必要がある」「拠出金を拠出していない企業、フリーランスの人においては、地域枠を使う」ということが決まっているだけです。本園では、協定書の中で、利用する企業において設置費や運営費の負担は一切求めていません。

　契約書を本園で作成し、利用者それぞれの勤務先に持っていってもらったのですが、一部契約が難航する企業がありました。比較的個人経営

に近い、雇用主と従業員の距離の近い企業はすんなり契約できたのですが、規模の大きな企業については、協定を結んでもらえないことがあったのです。

企業の担当者や利用者経由で話を聞いたところ、この企業主導型保育が始まった一昨年から同様の話が何度かあったそうです。そして、企業主導型保育が始まったばかりのころの協定書は、企業負担を求めるものが基本でした。

そもそも、企業主導型保育のもともとのコンセプトでは、保育にかかるお金を企業側も負担すべき、というものでした。そのため、企業側に5％程度の負担を求めてもいい、という書き方がされていました。

実は、企業主導型保育の補助金は、その企業負担予定分の5％が始めから引かれています。その引いてある5％分を企業からもらってもいいし、保育施設側で飲んでもいいということなのです。

企業主導型保育が始まったばかりのころは、その5％を企業に求めるべきだろうという考えが主流でした。そのため、5％分の金額を企業が負担する、あるいは契約金として3万円、もしくは毎年定額でいくらか払うといった条件が協定書に入っていました。従業員数の多い大きな企業は、実際その条件でいくつか企業主導型保育の施設と契約を結んだ経験があったそうです。

ところがいくら契約を結んだところで、提携先の施設の定員がいっぱいであれば、新規の利用者は入れません。それは当然協定書の中にも記載されているのですが、企業側としては「保育園にお金は支払ったのに、子どもは預かってもらえなかった」となります。そのため、担当者が責任を問われてしまうような問題にもなったそうです。

本園の契約書、協定書は、企業に負担を一切求めないものですが、過去にそういったトラブルがあった企業では、契約に及び腰になってしまっているのです。

契約を結べない場合、企業が厚生年金に加入していても地域枠（p.69

参照)となります。本園も企業主導型保育制度も、これから実績と信頼を得ていく必要があるのでしょう。

ラ・フェリーチェ保育園の特性

　本園は小規模保育と企業主導型保育のハイブリッドという形に落ち着き、なんとか定員を満たし、安定した経営ができています。その要因を、少し考えてみたいと思います。

　本園の特性を考えていくと、やはり一番の特徴は、駅から徒歩5分という立地です。もともと鉄道が通ったことで、都内に通うベッドタウンとして発展しつつあった地域のため、駅を利用する子育て世代が多かったこともプラスになりました。つくば市の保育所はほぼ駅から遠い場所にあり、車が利用できない方については保育所に通うこともできないという問題もありました。3歳以降であれば、スクールバスなども使えますが、0～2歳では、そうもいきません。

　また、駅近の立地にかかわらず、3～5歳用の新園舎を建てる余裕のあったことも、大変幸運でした。0～2歳までは小規模保育で対応し、3～5歳については企業主導型保育の認可外保育施設を利用してもらうという選択肢が作れたからです。

　企業主導型保育の保育料は、利用者の収入によっては、認可保育施設より負担が大きくなります。企業主導型保育の保育料の基準は、それぞれの地域の平均的な収入の人の保育料と同程度だからです。

　企業主導型保育では、利用者の収入を加味して保育料を上げたり下げたりすることも可能ですが、認可保育施設の場合は保育料を勝手にいじることはできません。保育料が自由に設定できるという部分では、企業主導型保育は魅力的です。運営戦略的な部分で要素がかなり広がってくるためです。その分試行錯誤が必要になってくるとは思いますが、面積や保育士の数を満たしていれば、定員や開園時間の変更はできますので、

様々なやり方も可能であると考えています。

　また、補助金を使って英会話やスイミングなど新たなプログラムを考えたり、保育士の数を増やしたりすることもできます。本園では保育士を1人増やすことと、農業体験を含めた体験活動を充実させていくことを考えています。

　一方で、本園には問題点もあります。小規模保育も企業主導型保育もすべて管理者である私が事務作業を担っていて、非常に仕事量が増えてきている反面、管理者が倒れた際のリスク管理ができていない点です。それについては、企業主導型保育の場合、事務員の雇用にも助成が出るため、事務作業を分散、マニュアル化することでリスク管理をする方向で考えています。

保育の価格破壊

　企業主導型保育が誕生したことによって、保育業界には、大いに波風が立ち、いまだそのバランスは各方面で模索されている最中です。

　定員と地域枠の問題（p.69参照）にしても、提携先企業の理解度や制度の未成熟による協定の難航の問題（p.103参照）もあり、地域枠と待機児童への対応という問題もあります。「企業主導型」保育なのに、待機児童を優先させるあまりに地域枠を広げる形での運用を続けていくと、保育の形がいびつになってきます。

　例えば、認可保育施設が空いているのに、企業主導型保育施設の方が安い保育料を提供するために、そちらに利用者が集中していけば、認可保育施設の保育料の正当性を疑われることにもなります。もともと親の収入によって変わってくることでもわかるように、保育施設は福祉の措置としてやってきたものです。対して、企業主導型保育は、国の制度とはいえ、企業の利益が絡むものです。もともとの立ち位置が違うのです。

今までの保育の形は、何十年もかけて確立したシステムになっていました。それが新制度の中で地域型というものができ、小規模保育ができてきて、かなり大きな変化がありました。しかし、地域型についても、市町村などが認可して、保育料の決定や利用者の決定をやるわけですから、今までの保育施設と同じように、住民負担の公平性の部分は変わりませんでした。

　ところが今回の企業主導型保育については、地方自治体の制約をほぼ受けないのです。認可外保育施設ですから都道府県に届出は出して検査は受けますが、それだけです。そして、ある程度保育料を戦略的に設定できるとなると、価格破壊が起こってきます。

　価格破壊は過去に酒や塩、米などの別分野でもありました。販売が制限されていた商品の規制が廃され、誰でも参入できるようになると、必ず起こってくるのが価格破壊とサービス合戦です。企業主導型保育が入ってきた時点で、保育業にも価格競争やサービス合戦が顕著に起きています。

　今までも、認可外保育施設は認可保育施設を利用できない人たちの行き先の役割を担ってきましたが、両者の間には絶対的な保育料の差があり、利用者にとっては、仕事や利便性をとるか安い保育料をとるか、という消極的な決断であったのです。

　ところが、企業主導型保育は、仕事、利便性、安い保育料そのすべてを提供することも可能になります。そうした場合、今後子どもの数が少なくなってきた時には、ただ単にサービスでの競争ではなくて、価格でも競争が出てくるでしょう。

　その場合、勝手に価格を決められない認可保育施設が大きなダメージを受けることになります。

　そもそも、入り口である入園の簡便さにおいても、企業主導型保育と認可保育施設とは雲泥の差です。かたや認可保育施設は4月入所が基本で、11月ごろに応募が始まり、2月にならないと結果がわかりません。

仕事が決まっていても結果次第では、仕事を諦めなければいけないという不安があります。企業主導型保育ならば、定員に空きがあれば入所時期を選ばず、企業から協定書をもらえば確実に入所の予約がとれます。それは精神的にはかなり大きなメリットです。

利用者にとっては、便利で安くて近くにあって、となると遠くて大きな保育所よりも価値が高いのではないか、と考えるのは当然の流れでもあります。

その結果、既存の制度の価値を存続するために後発の制度に制限が付けられて、不思議な条件に決まるということもよくあります。「保育」という1つの事業をめぐって、厚生労働省、文部科学省、内閣府などいくつもの省庁が絡んでいますので、企業主導型保育が加わった保育業界が落ち着くにはまだ時間がかかりそうです。

企業主導型保育が増えている理由

現在、大規模な認可保育施設はなかなか増えづらい状況です。増えない理由の1つは待機児童のピークが見えていることです。5年10年先には必ず子どもが減っていくことがわかっている中で、なかなか新たな認可保育施設には投資しづらくなっています。またもう1つは、地域住人の問題（p.44参照）があります。

そのため、待機児童解消の枠として増えているのは企業主導型保育であるというのが現状です。ということは、企業主導型保育に参入する事業者も増えているということです。ですが、国の予算がないと新規の補助金は決定しません。待機児童がいるから国の予算を付けるのであって、待機児童が少なくなってくると、新規の補助金は付かなくなってきます。再来年4月から始めたいからといって、申請は来年でいいだろうと考えていると、申請が進まなかったり、待機児童が減って予算の枠が小さく

なったりしてしまうということもあり得ます。

平成30年度も、現在のところは2万人の増加が決まっています。平成29年度は当初の予算案で5万人の予算が組まれており、補正予算案で2万人増えていますので、需要がある限りは、国の方で予算を付けていくでしょう。

企業主導型保育の申請手順と書類解説

企業主導型保育の補助金の申請はペーパーレスです。わかりやすくいうと、ネット保険のようなイメージで、すべてウェブサイト上で行われます。

基本的なところは穴埋め式になっていて、説明に従って各枠に数字や住所などを入力していきます。それ以外に、建物の平面図や保育士の保育表などの書類も送らなければいけませんが、そういった書類もすべてPDFファイル化してデータで送ります。

パソコンに慣れている人にとっては、手書きの書類を出すより楽な作業ではありますが、慣れていない人にとっては手間がかかる作業になります。当然、ネット環境とパソコン、書類をPDF化できるスキャナが必要になります。

助成費の申し込み画面には、施設の住所や代表者などの基本的な情報、補助金の根拠の内訳、在籍児童数などを入力していきます。その他、PDFファイルで以下のものをアップロードする必要があります。

●児童福祉法第59条の2第1項に基づき都道府県に届け出た書類（写）

認可外保育施設設置届のことで、都道府県のホームページから書式をダウンロードして知事に提出したもの。都道府県の受領印が押してある表紙と一緒にアップロードします。提出には、平面図、配置図、案内図

などの添付資料が必要です。

●保育施設の平面図（保育室、その他の部屋別面積）
　企業主導型保育ポータルサイトの「申請用サンプル図面」の様式に沿って、一級建築士が作成したものが必要です（p.100参照）。

●保育従事者の保有する資格等が確認できる資料
「保育士証」や「子育て研修員研修修了証書」をアップロードします。

●厚生年金保険料領収書
　補助金を申請できる企業は、厚生年金加入が条件となっています。毎月、日本年金機構から企業に送られてくる「保険料納入告知額・領収済額通知書」をアップロードします。

●共同利用協定書
　「利用する企業は、厚生年金の適応事業所である必要があるが、利用定員と費用負担が明確になっていれば、契約書の形式は問わない」とされているので、基本的な協定書の書式をアップロードしておきます（p.191参照）。実際の利用では、相手の企業と協定書の内容を詰めていく必要があります。また両親のどちらかが勤務している企業1社と協定を結べばよいことになっています。
　p.191→基本的な協定書。第4条で企業の費用負担がないことを記載。利用定員と利用者負担は、将来変わる可能性があるので、第6条で重要事項説明書に記載していることを記載しています。
　p.193、p.194→協定書の1形態として、企業が従業員の申し入れに基づき、保育園の利用を申請、保育園がその申請を受理する形式としたもの。p.191の協定書は、協定した企業の従業員であれば複数人の利用ができるが、この契約では申請した従業員だけに利用が限定されます。

●その他
・賠償責任保険及び傷害保険などに加入していることを示す書類
・建物賃貸契約書
・年金保険料領収書

第4章

保育士が辞めない保育園作り

第 4 章

保育士が辞めない保育園作り

離職率を下げることがなぜ必要か

　小規模保育にしろ企業主導型保育にしろ、経営の安定と競争力の強化には、離職率を下げることがとても重要になってきます。離職率は、経営にかかる経費と、保育の質に大いに関係があるからです。

　子どもの保育の面からいいますと、子どもは、保育園の建物に慣れるのではなく、人に慣れるのです。そのため、子どもの安定にとって、基本的に同じ保育士と過ごしていくことが大切になります。特に年齢が低くなってくると、その傾向は顕著です。0歳児でも6ヶ月以前は視力も低く、どちらかというと声や振る舞いに頼っており、保育士との関係は綿密なものがあります。

　子どもが年長（5〜6歳）になってくると、いろいろな人とのつながりが出てきて、保育士との関係はそれほど大きなものではなくなっていきます。それでも、同じ保育士であれば安心するのは当たり前の話です。

　保育士が辞めてしまったり、交代したりした時に、次に担当するのが今まで近くにいた保育士であれば、それほど子どもたちへの負担はかかりません。ですが、全然違う保育士が来るとなると、子どもたちがその人に慣れるまでの時間やストレスは想像以上に大きなものがあるのです。子どもにとっては保育士が辞めないというのはすごく大事なことです。

　経費の削減という面でも、離職率の低下は重要です。特に募集にかか

る経費というのは馬鹿にならないものがあります。小規模保育を含む認可保育施設や企業主導型保育施設の場合、子ども1人当たりに必要な保育士の数は決まっていますので、人数に穴を開けるわけにはいかないのです。離職する1ヶ月前に報告されていても、募集してすぐに応募者があるとは限りません。その結果、人が足りなくなった場合は、とりあえず人材派遣会社や、人材を紹介する会社にお願いするということになります。

人材派遣会社の場合ですと、派遣会社への手数料を含めて基本的に今まで払っていた金額の倍ぐらいを払うことになります。紹介会社では月給の3～5ヶ月ぐらいの紹介料が必要になります。そうすると、80～100万の単位で支払わなければならないのです。離職率が高いと、この出費が累積していき、経営的にも問題になってくるのです。

また、離職率が高いと、働いている保育士たちも安定しません。新しい人が入ってくると、チームワークができてくるまでの時間もかかり、それが頻繁になってくると、雰囲気も悪くなっていきます。

チームワークを苦にして辞めていく人というのは、利用者との軋轢や、他の保育士との軋轢を気にする、優しい人である傾向があります。そういった人は、小さな子どもたちにとってはすごくいい先生であることも多いのです。

また、そういった人たちが辞めていった結果、次の方が入ってきても、馴染めずに辞めていってしまうという悪循環になってきてしまうこともあります。

・離職率を下げると、経営に余計な経費がかからない
・離職率を下げると、子どもにとっても働く保育士にとっても安定したいい環境になる

収入と離職率

では、離職率を下げるにはどうしたらいいのでしょうか。

資格を持っているけれども保育の現場で働いていない潜在的な保育士の数と、実際に保育施設で働いている保育士の数には倍以上の開きがあるといわれています。それはなぜなのでしょう。

保育士が辞める原因を調査すると、第一に収入が少ないということが挙がります。子どもの命を預かっている仕事の割には収入が非常に少なく、全産業の勤労者の平均に全然及ばないのです。

少し前まで、看護師不足といわれていた時がありました。その時も重労働、低賃金のため、看護師の成り手がどんどん減っていたのです。この現状を変えるために、看護師の労働組合の人が頑張ったり、これから高齢化を迎える際に、看護師の数が必要だとして、病院も国に働きかけたりなどして、看護師の待遇は改善されていきました。現在看護師の収入は増加しており、看護師の数も増えてきています。

補助金を得て経営する保育施設は、子どもの数に対する収入は決まっており、自分たちで利益を大きく生み出すということができません。そうすると、保育士の収入の増加は、国や地方自治体の補助金の増加か、施設の利益の中での分配率を増やすことでしか達成できません。

処遇改善加算

保育施設を増やしたい行政側としても、近年いろいろな対策をしています。その主な部分が「処遇改善加算」です。

これは保育士個人の勤務年数によって、所属する保育施設に支払われる給付金が加算される制度で、全国どこの市町村でも行われています。

加算された金額は、保育士の給料に分配されることが目的だったので

すが、ちゃんと保育士に渡されているかまではチェックしておらず、結局保育施設が別にまわしてしまうということもありました。

　それを踏まえて、平成29年度から「処遇改善加算2」という制度が、もともとの加算に加えて増やされました。これは保育士の人数当たり一定の割合で役職を設け、その役職に手当てを出すという制度です。例えば、保育士3人当たり1人が副主任になって、月4万円の手当てが付きます。他に、職務分野別リーダーというものもあり、それも一定の人数当たり1人という形で割り振られ、5千円程度加算されます。職務分野別リーダーは、全職員のうちの5分の1程度配置されます。

　副主任や職務分野別リーダーになるには、所定の研修を受ける必要があります。「保育士のキャリアアップ研修」というもので、乳児保育、障害児保育、食物アレルギーに対する保健、保護者支援、マネジメントなどいろいろな分野があります。

　3日間ほどかけてやる、きっちりとした研修なのですが、この研修をうけることを前提として、職務分野別リーダーを指名し、月々5千円以上当てることになります。副主任については、この研修を4つ受ける必要があります。ただ、1年ですべて受けなくてもよく、何年かかけて受けていくことになります。

　もともとの処遇改善加算は、保育施設に勤務している保育士全員の勤務年数を出して、それに対して何パーセントの賃金加算があるという形だったため、明確に誰に加算されているというものではありませんでした。それに対し、この処遇改善加算2は明確に誰に付けたのかを提出しなければなりません。副主任は施設の職員数の3分の1、職務分野別リーダーは施設の職員数の5分の1が対象となります。これは小規模保育の制度ですが、企業主導型保育でも同じようなものが始まっています。

地方自治体による補助

　また、地方自治体によって独自に補助金を出しているところもあります。東京都や神奈川県など、待機児童が多くて保育士が足りないといわれているところで主に行われており、茨城県ではつくば市が初めて施行し、牛久市でも始まるようです。

　これは地方自治体の独自の予算でやっているもので、基本的には月額何万円かが、保育士の口座に直接支払われます。

　保育施設の子ども1人当たりに支払われる補助金の価格は、地域によって若干差があります。これは地域の賃金や地代によって設定されていて、保育士の生活費が高いところは子ども1人当たりの給付金も多くなります。例えば都内では、住宅の賃貸料も他の地域よりかなり高額になっているためです。しかし、それでも追いつかない部分がたくさんあるとは思います。

　賃貸住宅に住んでいる場合は家賃補助も付くなど、保育士の待遇については、だんだん改善はされています。そんなに時間がかからずに、全産業の平均的な収入の水準まではいくのではないかと思います。

　しかし、同じ地域内でも、保育施設によって保育士の給料に差があることもあります。これは労働分配率の話で、施設の収入をどこにどのように分配していくか、あるいは募集費など固定費以外のところでかかってくる費用をいかに抑えていくかということになり、経営者の手腕の問題になります。

経営努力

　そもそも、人が辞めなければ募集費はかからないということを考えると、募集費の部分を始めから保育士の給与としてしまうことも考えられます。お金の流れからいうと、募集費の分を人材派遣会社に払うのか、保育士に払うのかということなのです。けれども、保育士への給与は恒

常的なものですが、募集費は、もしかしたら払わなくてもいいかもしれない経費です。そう考えてしまうため、なかなか給与にまわすことは考えられないのでしょう。しかし、毎年人材派遣会社に払っているのであれば、その分を保育士に上乗せすることで、離職率は間違いなく下がると思います。

　また、募集費自体を下げる手段もあります。ハローワークを使えば、募集費はかかりません。本園ではほとんどハローワークを利用しています。それでも十分なのです。ハローワークは厚生労働省の管轄で、労働基準法違反になる募集はできません。ハローワークを介さない情報誌などでは、一見そうはみえなくても、実際は違反になる募集をしている場合も結構あるのです。

　月額報酬を掲載する場合、ハローワークでは、基本給なのか、手当てが付いてその金額なのかを細かく書かなければいけません。月18～20万で募集していて、実際の基本給が12万という場合はよくあります。このやり方はハローワークでは募集を出せません。ハローワークに出せるような労働条件であれば、募集費についていえば、ゼロでもいいわけです。

　また、保育士の定数が足りなくなってしまうと営業ができないことを考えると、法定の人数より多めに雇っておくことも考えられます。そうすると、募集する際も、焦ってすぐに来月入れなければいけない、という事態もなくなるわけです。

　人手が多めであれば、仕事のシェアもしやすくなるため、できればある程度余裕を持った形というのが、いろいろな面でプラスになってくると思います。本来、補助金と保育料を計算していくと、少し余裕を持った人員配置をしても、そんなに無理があることはないのです。

- 離職率を下げるには、収入面の改善が必要
- 国や地方自治体でもいろいろな手当てを付けて改善してきている
- 経営努力によって保育士の給与を上げることもできる

労働内容と離職率

　現在、保育施設ではほとんどのところで、残業していても残業代が出ない、サービス残業が恒常化してしまっています。保育士の仕事には、子どもと直接関わっている保育の時間以外に、それに伴ういろいろな事務作業も必要とされます。例えば家庭からの連絡帳に記入したり、行政に提出が求められている指導計画の記入をしたりする作業などです。

　一番作業量が多いのが、この指導計画です。年間指導計画というものがあり、子ども1人ひとりに、この年はどういった方針で指導していくのかを計画書にするのです。この年間計画に沿ってこの月は何をやる、この週は何をやる、この日は何をやる、と落とし込んでいき、○月○日には何をやります、雨が降ったらこれをやります、という設定保育の内容を決めるものを作らなければなりません。

　ある程度パソコンを使えれば、去年のものをアレンジするなど、省力化できますが、なぜか手書きにこだわる保育施設も多いのです。

　別に行政では手書きを指導しているわけではありません。手書きにこだわるのは、人によってパソコン出力があったり手書きがあったりすると見栄えが悪いため、手書きの人に合わせて作るためです。作業量を考えるのであれば、パソコンを使ってデータ化するべきだと思います。タブレット型の端末でやったりするところもありますが、先生1人ずつに端末があるまでには至らないところがほとんどです。

　また、それぞれのお子さんが何時に来たなどの記録（これは延長保育料にも関わってきます）や、体温やお昼寝のチェック表の記入もあります。そういうものを考えていくと、勤務時間内で保育士が事務作業をできる時間は、子どもがお昼寝をしている時に、安全確認をしながら作業するぐらいの時間しかとれないのです。

　それだけではなく、お遊戯会の道具を作ったり、子どもたちの工作の

ための下準備をしたりなど、保育以外の作業量はかなりあります。それが溜まっていってしまうので、持ち出せない書類は残業して園内でやり、工作物などは家に持ち帰りでやるという状態が恒常的になってしまっているのです。

また、必ずしも必要でない作業をすることもあります。実際に保育士から聞いた話ですが、パート勤務である保育施設に勤めていた際に、常勤保育士の書いた連絡帳の内容を子どもの人数分だけ書き写すという仕事を任されていたとのことです。字がきれいだから、という理由でそうなったようですが、まったく無駄でモチベーションの上がらない仕事です。

自分で子どもに触れ合い、文章を考えるのではなく、今日やったこと、給食のメニューなど、同じことを人数分写していく、要するに、コピー機でできるような仕事をやらなければならないわけです。なぜパソコンではなく手書きなのかというと、「温かさ」が伝わるから、という理論的ではない話なのです。感覚的なもの、もともとやってきたことに対する無理やりな理由付けにも思います。

子どもと触れ合うことが好きで保育士を目指してきたのに、やっていることは全然関係のない仕事となると、やはり続けてはいけなくなります。

残業、仕事の持ち帰り、非効率的で非論理的な作業というのが、収入と並んで、保育士の大きな離職原因になっているのです。

- 保育施設では残業と持ち帰りが恒常化している
- 保育士の仕事内容も離職率の原因となる

ローテーション

　人員配置と労働内容を考える際に、重要になってくるのが、保育士のローテーションをどう組むのか、ということです。

　現在、保育施設で主流になっているのは、早番遅番という形です。早番の人が朝の7時から入り、お昼に交代して、遅番の人が夜の7時まで勤務するやり方です。

　しかし、保育士の家庭環境によって働ける時間が変化することもあるので、画一的に早番、遅番とするよりも、変形労働制をとるやり方も考えられます。

　朝7時から夜7時までやっている保育園であれば、数人が朝7時から夜7時まで勤務し、その代わり、交代で普通の週は3日間、あるところで4日間休む形にしていけば、労働基準である週40時間に収まります。体力のある若い先生であれば、休日の多いそちらのやり方がいいということもあります。

　しかも、保育園としては早番遅番にして8時間8時間で働くと、重なる時間が多くなります。また、その重なる時間はお昼寝の時間が多く、あまりマンパワーがいる時間でもありません。

　変形労働を入れていって、人手がいる時間だけ重なるようにしていけば、余計な重なりの部分がなくなってくる分だけ、人を少なくすることもできます。計算上ですが、小規模保育で、子どもが全員いる時間は保育士が5人必要な保育園の場合、早番遅番で考えると5人ずつ、10人の保育士が必要になります。それから、連休や予備出勤も考えると、11人から12人必要になります。ところが、変形労働をする保育士を2人ぐらい入れていくと、8人でも十分回せるのです。単純に計算すると人件費が4割減ることになります。そうすると、変形労働をやっている保育士にたくさん給与を出せます。

11時間のうち、実際は朝8時から夜18時に子どもが多く、それ以外の時間には少数のため、変形労働制の保育士だけでも問題がないということになります。そのため、子育てをしている保育士を8時半から5時という基本の時間に手厚く入れるなど、個々の事情に配慮したやり方もできます。若い世代もそうですが、子育てが終わった世代でも週3日、11時間頑張れる人がいればいいわけです。

●早番遅番を使ったローテーション例

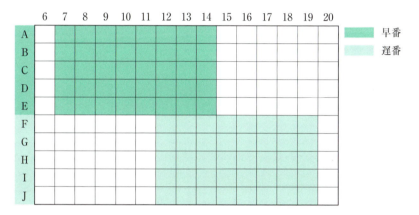

●変形労働を使ったローテーション例

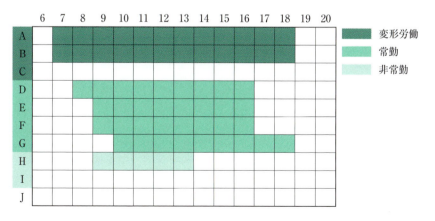

しかも、この形は、ずっと同じ保育士が保育園にいてくれるわけですから、子どもはすごく安定します。

　たくさん重なる時間があるならば、仕事をシェアするなどの工夫ができれば、作業量が減らせていいのかもしれませんが、その場合、仕事は少なくなっても給料は増やせません。必要な人数が減ってくると、余裕をもって人を雇うこともできるので、4割減らせるところを、2割ぐらい減らしていけば、人手を増やして仕事量を減らすと同時に給料も増やすことができてくるわけです。そこは管理者の知恵の使い方だと思います。

　その際に、子育てをしているとか、介護をしているなどそれぞれの事情に配慮したローテーションを組むべきです。1つひとつ考慮したものを作るのは面倒ですが、それをしないと、仕事が好きで続けたいけれども、続けられなくてやむを得ず辞めてしまうという、もったいないことになります。

　ただ、それをやるためにはこの時間には何人必要かという実際の保育の仕事と、他にやらなければいけない仕事の量の見極めが必要になります。ここを間違ってしまうと、保育士に大きな負担がかかってしまうので、現実的にやっていかなければなりません。

　また、子どもたちも1年の間に成長していくので、月齢ごとに必要な保育士の数が変わってくることもあります。そこは、ある程度募集のスパンを考えたり、パート勤務の先生であれば、パートの範囲内で、勤務時間を増減してもらったり、そういう対処も可能です。

　今本園では変形労働制の保育士が3人おり、そのうちの2人が必ず出ている形です。それ以外の保育士が4人入り、本来は5人のところを、6人での保育をしています。

　また、非常勤の保育士が常勤換算で1人いますので、実際は定数よりも2人多くいることになります。ですが、有休もあり、体調不良もあるわけで、それを考えると無駄な余裕とはいえません。

しいていえば、管理者が1人体制で副管理者がいないので、園長が出ずっぱりになるという問題はあります。管理者の仕事は労働時間内にきっちりやるというよりは、いつお呼びがかかるかわからないので待機している、という状態で、仕事というよりは生活になってしまっている面もあります。小さな保育園だとなかなかそこまで手が回らないのが現状ですが、管理者のリスクヘッジが今後の課題と考えています。

　リスク管理としてわかりやすいのは、管理者の仕事をマニュアル化することです。1日にやるべき仕事、週に、月にやるべき仕事をマニュアル化していって、管理者が倒れても、業務がすぐには滞らないような体制を作らなければならないと考えています。

- ローテーションを工夫すると、無駄な人件費が減らせる
- 個人の事情に配慮したローテーションを考えることで離職率が下げられる

対人関係と離職率

　また離職の大きな原因の3つめが、対人関係です。対人関係の内容は大きく2つに分かれています。保育士同士の問題と、利用者と保育士の問題です。

　保育士同士の場合は、どうしても相性が合わないということがあるにしても、プロフェッショナル同士なので、管理者がきちんと管理をしていけば、それほど問題はないと思います。

　保育園の良しあしというのは、保育士個人の良しあしというよりも、チームとしての良しあしだと思います。チームワークがうまくできてくれば、保育士も職場環境が原因で辞めることがなくなっていきます。

　対人関係で一番問題になってくるのは、利用者と保育士の問題です。保育施設と利用者の関係では、基本的に保育施設の方が上に立ってしま

いがちです。特に待機児童が多いところだと、保育施設間の競争原理がまったく働かない状態で、入れるところに入る、そこをやめると仕事も辞めなければならないという状態になります。そうすると、利用者側はいろいろな不満があっても、飲み込んでしまうことが多くなります。

そういう状態で、いざ保育施設側に過失がある問題が起きた時、日ごろの不満が一気に感情的に出てきてしまうこともあります。

その際に、自分が担当していない時間に起こったこと、例えば早番の際に起こったことでも、遅番の人が利用者に謝罪して説明しなければならないのです（早番遅番についてはp.123参照）。その際はもちろん、一通りの引き継ぎはされるでしょうが、連絡外のことを聞かれるとうまく答えられなくなり、利用者との間の信頼関係が損なわれることもあります。利用者と保育士は毎日毎日顔を合わせるので、それが積み重なってくると大きなストレスになってくるのです。

本来は事故などがあった場合に、その場の責任を持っていなかった保育士が謝るというのがおかしいのです。それは誰がやるのかというと、管理者のやるべきことです。それを現場任せにし、本来管理すべき園長などが実際現場で起こっていることをよくわかっていなくて説明のしようもないとなってくると、現場の先生にすべてのストレスがかかってきてしまい、離職の原因ともなるのです。

- 保育士の人間関係で一番ストレスがかかるのは利用者との関係
- 利用者にはまず管理者が対応すべき

リスク管理と離職率

そういった、人員配置や、利用者との間のリスク管理にしても、一番問題なのは、すべてにおいて引き継ぎ的に仕事を進めてしまい、保育士

と管理者がこういったリスク管理について学んでいないケースが少なからずあることです。

　これを大きな話にすると、保育士を育てるシステム上の問題があるように思います。保育士になるための学校は、保育施設の中で安全に子どもたちを保育するということだけを教えており、経営的なもの、あるいは対人や保育施設外の活動を前提としたリスク管理の問題は、重要視されていません。例えば、園庭のない保育施設は近くの公園を利用します。そうすると行き帰りの安全確認や、あるいは公園に行った時に、園庭よりもいろいろな要素がある中で、どういうふうにリスクを管理するのか、というものが授業としてないのです。

　「ヒヤリハット」という概念があります。これはたまたま重大事故には至らないものの、直結してもおかしくない一歩手前の事例のことです。事故が起こった際に原因を確かめ、対処するのは当たり前のことなのですが、そうすると事故が起こらないとその原因は見過ごされ、リスク管理能力は上がらないことになります。事故が起こることが前提で、それからよくなるというのは事故の対象となってしまった当事者としては納得できる話ではないのです。そういうものも含めて、管理者の能力というのが大きく求められているところだと思います。

　本園の話ですが、こういったリスク管理の考え方には、私も含めて他業種の経験や、野外体験活動のインストラクターなどの経験が大いに生かされていると感じます。園庭がない保育施設も多くなってきているので、<u>野外体験の安全管理というのはぜひ考えておいて頂きたい</u>ところです。自然体験活動推進協議会（CORN）など、野外の体験活動をやっている団体もたくさんありますから、そういった団体の研修を受けたりするとわかりやすいです。

　野外体験活動のリスク管理は、「事故は必ず起こるものだ」という考えから入ります。日本人には、最悪のことを考えたくないという傾向があるように思います。悪いことを考えると悪いことが起きる、という言

霊のような考え方の影響かもしれません。しかしそうすると、「最悪の事態が起こらないためにはどうしたらいいのか」という考え方に至らないのです。

　そのため、「もしかしたらこういうことが起こるのでは」と思っていても、会議の席で誰もいわない雰囲気があります。それでは絶対にリスクの管理はできません。

　車の免許をとる際には、教習所で「だろう、かもしれない」というリスクについてかなり時間をかけてやります。赤でも向こうが突っ込んでくるかもしれない、角から人が飛び出してくるかもしれない、そういうことを考えておけば、スピードを落としておこうなど対応を考えられるわけで、保育にもそういった考え方が必要なのです。

　例えば、公園を利用する場合は、移動時に当然安全なルートをとるわけですが、その安全性というのは日によって変わってきます。いつもの道でも、道路工事やビルの外装工事をやっていれば、危ないのでそこを外していくこともあります。

　本園でも「たまには違う道を通ってみよう」という提案があるのですが、そのためには下見をして安全性を調べてからやるべきで、思い付きでやるのはリスクが高い、ということを理解しなくてはいけません。また、公園に行った際、水辺や道路などに誰かが立っていて安全管理をする、その保育士は遊びに参加しないなど、役割分担をする必要があります。

　園庭のように安全が確保されている場所であれば、全部の先生が子どもと関わってもいいのですが、公園には犬の散歩をしている人もいれば、道路を子どもが大好きな救急車や消防車が通ることもあります。そこで、危険なことがわかっていて、それを防ぐために必要な人手がわかっていれば、公園に行くのに最低何人必要かというのがわかるのです。それはあまり子どもの人数には関係せず、利用する公園にどれだけ危険な要素があるのかによります。それだけの人手が確保できないのであればそこで遊ぶのをやめる、という考えでなければ、事故の起こる原因となるの

です。それは園の保育士全体が共有すべきものです。

　こういったリスクを全員で共有していくと、個人の保育士の感覚的なものでは行動しなくなります。個人の感覚的な行動で事故が起こった場合、その責任は重くなります。事故は必ず起こるものですが、それが防げたものか、防げなかったものでまったく違ってきます。==防げた事故を起こさないということがすごく大事なことなのです。==

　それもやはり離職率を下げることにもつながっていて、いつ事故が起こるのかわからないような環境であると保育士が感じた場合、やはりその園には長くは留まりません。

　そういった場合に、離職理由として「この園は危ないから辞めます」という人はなかなかいないので、結果としてリスクが気づかれないままになってしまいます。さらにいうと、リスクに気が付かない保育士だけが残ってしまい、事故が起こりやすい環境になってしまうのです。

　過去に保育施設で事故が起こった際の裁判の判例はたくさんあります。その判例を調査研究することで、原因を研究し、リスク管理に役立てようという考えもあります。小規模保育を経営する場合、必ず加入する共済団体が発行している『保育事故における注意義務と責任』など、事故事例、原因、対処するアドバイスが載っている本がたくさん出ていますので、そういうものを読んでみるのもいいと思います。実際のデータを見てみて、事故が起こった状況と自分の園の状況を比較してみる、そこで対処法を考えていくのも大事なことです。

- 管理者主導のリスク管理体制が必要
- リスク管理をできていないことが離職率が上がる原因であることもある

第4章　保育士が辞めない保育園作り

管理者の責任

　離職率を下げるためにやることの1つは収入の改善です。それについては毎年増やしていくという国の方針もあって、問題は解消されていく傾向にあると思います。

　ただ、既成の概念の中でやってきてしまっているサービス残業や持ち帰りの恒常化というものを改善していかなくてはなりません。

　そのほとんどは、例えばIT化したりすることで改善できる問題です。保育園によっては、事務員がいて、その人ができる部分は一手に引き受ける、というやり方もあります。そこは考え方ひとつで、高価な機器を入れなくても、見方を変えていけばできることもあるのです。あくまで事務作業は事務作業としてやっていくという、当たり前のことでかなり変わってくるのです。

　工作の下準備などの作業も、作業内容は保育士が決めるにしても、下準備自体は保育士でなくてもできるのです。事務系の人や、手作業が得意な人にお願いしてしまうとか、仕事をシェアするという考え方で、保育士同士のやりとりをすることも可能であると思います。

　こういった効率化や仕事のシェアを進めていくことは、現場任せにするのではなく、管理者の仕事です。誰の責任でその仕事をさせるのかということは明確にしなければなりません。勤務時間内でできないものを押し付けるのは、始めから残業や持ち帰りをやれといっているようなものですから、それをなくすためのやり方を考えなければいけないのです。管理者が仕事の割り振りに責任を持ち、管理者もその一端を担うことで、保育士のモチベーションにもなり、効率化も進み、離職率を下げることにもなります。

　特に利用者に対しては、第一義的には管理者が対応すべきだと思います。そうすることで、現場の先生に理不尽なストレスを負わせることな

く、保育の現場で何が起きているのか、管理者が把握することもできます。

　保育士が事故の原因や改善点を考えても、その伝達を保育士同士に任せてしまうと、人間関係がこじれるばかりでなく、問題の共有やリスク管理もまとまってきません。管理者であれば、問題の共有やリスク管理のための改善の提案を、管理者の職務としてやるわけなので、聞く方としても素直に聞けるのです。管理者がそういったものを考えていけば、保育士の間でも身に付いていくし、園としても1つひとつのノウハウができてくるのです。

　もし自園の離職率が高いと感じた場合は、表に出ているもの以外にも何かしらの問題があるかもしれません。それは現場を見たり、個人個人の先生と話す時間を作ったりしないとわからない部分もあるので、経営者が関わりを持たないとわかりにくいものです。保育士が辞めない保育園作りというのは、やはり、管理者の問題であるといえます。

現場を改善するには

　現場の改善が必要になった場合、特に経験の長い保育士にとっては、今までのやり方を変えることは大変な話ではあります。しかし、やはり理論的な話をして変えていくことが必要です。

　新しく作った保育施設だと、いろいろなところから保育士が集まります。そうすると、「前の保育園ではこうやっていました」といういろいろなやり方が出てきます。おむつの替え方ひとつでも、寝かせて替えるのか、立たせて替えるのか、どの方式をとるのかというのがいろいろな場面で出てきます。

　その時に多数決で決めるのは愚の骨頂で、なぜそうするのかを説明してもらい、両方のやり方の利点と欠点を話してもらったうえで決めても

らうのです。始めから「前のところでやっていた」という理由はダメです、どちらがいいのかはきちんと考えていきましょう、としていくべきです。そうしないと、保育士の経験がない管理者が管理していく場合に、「園長先生は保育の経験がないからわからない」ということにもなりかねないわけです。「なぜそうするのか、経験のない人にわかるように説明してください」といえなければ、保育の内容について話し合えなくなってしまいます。

保育士の就職事情

　現在、保育士はどういった状況にあるのか、それについて少し解説していきたいと思います。

　ハローワークなどで求人をした場合、応募のほとんどは他の保育施設からの転園、または他の業種から通信教育で保育士の資格をとって転職してくるケースです。

　新卒の保育士は大学や学校に直接求人を出して、それに基づいて見学に来たりして決まります。また、新卒の場合は実習に行った保育園に就職するケースも多いです。実習期間中に、お互いに働きぶりを見たり、園の雰囲気を体験したりして、そのまま就職を決めるのです。小規模保育でも実習生を受け入れられるので、保育士が不足していることを考えるのであれば、やはり受け入れるべきだと思います。企業主導型保育は認可外保育施設なので、実習対象からは外れています。

　実習を受け入れるのは保育施設側としてもやはり大変で、なかなか受け入れ先がないのが現状です。特に通信教育で資格をとる場合、実習先は自分で探さなければいけないので、結構大変です。そのため、通信制の学校に、受け入れ可能であることを連絡しておくと、学校側から依頼が来ることがあります。今は通信制で保育士資格をとる人が多くなって

いますので、将来のことを考えると、実習の受け入れは雇用にもつながる大きなことなのです。

　本園でも若い保育士は実習から雇用した実績があります。もともと小規模保育をやりたいということで見学、実習をしに来られ、就職の希望があれば受けます、というお話をしていたところ、卒業が近くなった時に希望を頂いて、本園で勤めてもらうことになりました。

　実習は双方が情報を受けとれるのでいい話ですが、指導を担当した保育士は大変になってくると思います。しかし、一度経験すると、省力化できるところもあります。

　保育士資格をとるためには、保育園を2ヶ所、養護施設を1ヶ所実習としてやらなければいけないのですが、行っても掃除ばかりさせられたなど、実習先の意識や対応が酷かったという話も聞きます。頼まれるから受け入れる、というのがルーチン化してしまって、保育施設としての目的意識がなくなってしまっているのではないかと思います。

アクションとリアクション

　目的意識がないという面でいえば、募集の方法でも同じようなことが見受けられます。いつもいつも求人の出ている保育園は、人が集まらないことを喧伝しているようなものです。広告店にいわれるがままなのかもしれませんが、それを見た保育士がどう感じるかというと、決していい印象は抱かないと思います。ましてや、募集広告は、保育士だけではなく、利用者も見られるのです。

　今はいろいろな情報のツールがありますので、情報を出すことによって周りからどう見えるのかということは考えていくべきだと思います。1つひとつのことに目的を持ち、リアクションを想像してやっていくことが大切です。募集の給与金額にしても、他の園の募集も簡単に見られ

るので、その差を考えていくべきだと思います。

　そういうものを気にしなくても、今は待機児童が多いので、定員はいっぱいです。しかし、今はいいですが、子どもが減ってきたらどうなるでしょう。毎週出していれば募集広告費も馬鹿にできない額を使っており、下手をすると人ひとり雇えるぐらいにもなるのです。そうした見方を考えることは一般の企業では当たり前で、そう考えると、企業主導型保育が導入されたことで、保育の世界はいろいろと変わってくるのでしょう。

保育士の男女の差

　今、男性の保育士も増えてきています。ですが、親の問題として、小さい女の子の体を男性が触ることにどうしても拒否反応はあります。気にしない人の方が少ないでしょう。

　男性の保育士は、ある程度年齢の上がってきた男の子にとっては有効な場合もありますし、その人がやってきたスポーツなどのスキルの部分に期待するということもあります。また、管理者を目指してくれる場合が多いということもあります。これは管理者を目指さないと今のシステムだと生活ができない、単なる保育士だけでは、年齢にふさわしい給料が出せないということでもあります。男性の保育士は、どちらかというと管理職、主任の候補として見ているところが多く、やはり女性の保育士に求めるものとは違ってきます。

　今のところ男性の保育士は絶対的な人数が少ないので、そのバランスがある程度成り立っているという現状です。小規模保育は0～2歳なので、男性の保育士の雇用は非常に厳しいですが、企業主導型保育の場合は十分あり得ると思います。

　男性保育士を雇用する際は、親御さんたちへの十分な情報提供が必要

になってくるでしょう。例えば、おむつ替えはさせません、など、線引きは明確にしておいた方がいいと思います。利用者が心配することは決まっているので、その部分についてわざと触れないのではなく、園の方針をきちんと説明していくことが必要です。説明をしたうえで、利用者がどう思うのか、園としても若干のリスクを負う部分はあります。

　男性の保育士は、幼稚園などでは結構多いですし、そういう状況だということは、保育士の学校に行っている男性はわかっていますので、同じ学校を出ても、男性は学童関係や養護施設という進路を選ぶ方が多いようです。結果として、小規模保育では、募集をかけても男性保育士の応募があることはほとんどありません。

資料

資料

収録資料について

　以下に収録した資料は、p.140とp.141に収録したものを除き、すべて小規模保育施設ラ・フェリーチェ保育園及び企業主導型保育施設ラ・フェリーチェ保育園うさぎ組で使用した資料です。

書式、見学などについて

　本書に収録した書式のデータが必要な方は、有償にてお送りいたします。また、ラ・フェリーチェ保育園の見学、保育事業に関するご相談なども受け付けております。ご希望の方は下記の連絡先までご連絡ください。

　なお、お送りしたデータはご連絡を頂いた個人または団体に限り使用することができます。それ以外の利用の際は、著者に相談の上ご利用ください。

〈連絡先〉
住所：〒305-0817
　　　茨城県つくば市研究学園5-6-3
　　　ラ・フェリーチェ保育園
TEL＆FAX：029-875-7831
メールアドレス：info@t-harmony.or.jp

収録資料一覧

小規模保育に関する資料

- 開設資金計画書…140
- 収支計画表…141
- アレルギー対応マニュアル…142
- 防災マニュアル…157
- 保健マニュアル…165
- 指導計画…180

　指導計画は年間指導計画、児童票、個別指導計画、週案・日案など子どもの保育に必要な記録です。小規模保育の申請に必要になる場合があります。

　これらの書式は、保育士の負担を軽減するために記載する個所を必要最小限にしてあります。

企業主導型保育に関する資料

- 共同利用協定書…191
- 利用申請書…193、194
- 勤務証明書…195

　共同利用協定書、利用申請書はいずれも企業と保育施設の間で結ぶ契約書です。これらの使い分けについては、p.110を参照してください。

小規模保育施設〇〇〇 開設資金計画書
(開設日 平成30年4月1日)

収入の部 (単位:千円)

自己資金	資本金600万円より充当	5,191
借入金	日本政策金融公庫からの融資	10,000
借入金	東京都民銀行からの融資	20,000
合　計		35,191

支出の部 (単位:千円)

物件契約費用	保証金	1,505
開業前家賃等	10月日割231千円+11月～3月@374千円×6か月＝2,244千円+礼金651千円	2,507
改修費等	内装工事18,100千円、設計費200千円、看板制作費2,160千円、初度制作費5,200千円、ソフトウェア2,000千円、開設前人件費800千円	28,460
開業前経常支出	役員報酬・業務委託費・リース料・宣伝広告費・印刷製本費・水道光熱費・通信費・消耗品・事業雑費・修繕費・保険料　等	2,672
借入元金・利息返済		47
合　計		35,191

株式会社〇〇〇　収支計画表　年次5年分

(単位　千円)

		第1期(H30.3)	第2期(H31.3)	第3期(H32.3)	4期(H33.3)	第5期(H34.3)	第6期(H35.3)
	前月繰越金(A)	0	4,809	20,438	24,031	26,203	28,374
収入	売上高	0	38,304	38,304	38,304	38,304	38,304
	一般保育所対策事業補助金	0	6,977	6,977	6,977	6,977	6,977
	延長保育補助金・実費	0	6,518	6,518	6,518	6,518	6,518
	11時間保育補助金	0	2,332	2,332	2,332	2,332	2,332
	開設準備経費補助金	0	29,032	0	0	0	0
	開設後家賃補助	0	3,492	3,492	3,492	3,492	3,492
	収入計(B)	0	86,655	57,623	57,623	57,623	57,623
経常収支 支出	役員報酬(2人)	700	9,000	9,900	10,392	10,392	10,392
	給与手当	0	19,560	20,147	20,751	20,751	20,751
	賞与(年3か月分想定)	0	4,890	5,037	5,188	5,188	5,188
	法定福利費(14%)	0	4,683	4,912	5,086	5,086	5,086
	旅費交通費	90	1,200	1,200	1,200	1,200	1,200
	業務委託費(3士業)	1,075	1,090	1,090	1,090	1,090	1,090
	家賃(敷金・仲介料・管理費等含む)	245	4,488	4,488	4,488	4,488	4,488
	印刷製本費	124	128	128	128	128	128
	食糧費	0	1,152	1,152	1,152	1,152	1,152
	水道光熱費	30	840	840	840	840	840
	通信費	108	480	480	480	480	480
	保育用品	0	180	180	180	180	180
	福利厚生費	0	360	360	360	360	360
	会議費、接待交際費	0	600	600	600	600	600
	消耗品・事業雑費	120	480	480	480	480	480
	健康診断料	0	144	144	144	144	144
	その他経費	180	600	600	600	600	600
	利息(公庫) 年1.06%	47	96	96	96	96	96
	利息(保証協会)	0	120	120	120	120	120
	【補助対象経費】						
	開業前賃借料	2,507	0	0	0	0	0
	内装工事代	18,100	0	0	0	0	0
	設計費	200	0	0	0	0	0
	【追加】看板工事	2,160	0	0	0	0	0
	【追加】造作家具	2,500	0	0	0	0	0
	【追加】什器備品	2,000	0	0	0	0	0
	【追加】保育用品	700	0	0	0	0	0
	【追加】ソフトウェア	2,000	0	0	0	0	0
	【追加】開設前人件費	800	0	0	0	0	0
	支出計(C)	33,686	50,091	51,953	53,375	53,375	53,375
	経常収支計(B)−(C)=(D)	−33,686	36,564	5,670	4,247	4,247	4,247
財務収支 収入	借入金(公庫)	10,000	0	0	0	0	0
	借入金(都民銀行)	20,000	0	0	0	0	0
	借入金(保証協会)	0	5,000	0	0	0	0
		0	0	0	0	0	0
	資本金	6,000	0	0	0	0	0
	役員借入	4,000	0	0	0	0	0
	収入計(E)	40,000	5,000	0	0	0	0
支出	借入金返済(公庫)	0	1,011	1,068	1,068	1,068	1,068
	借入金返済(都銀)	0	20,000	0	0	0	0
	借入金返済(保証協会)	0	924	1,008	1,008	1,008	1,008
	借入金返済(追加借入)	0	0	0	0	0	0
		0	0	0	0	0	0
		1,505	0	0	0	0	0
	役員借入返済	0	4,000	0	0	0	0
	支出計(F)	1,505	25,935	2,076	2,076	2,076	2,076
	財務収支計(G)=(E)−(F)	38,495	−20,935	−2,076	−2,076	−2,076	−2,076
	翌月繰越金(H)=(A)+(D)+(G)	4,809	20,438	24,031	26,203	28,374	30,546
	借入金残高(公庫、10年元金均等返済)	10,000	8,989	7,921	6,853	5,785	4,717
	借入金残高(保証協会5年元金均等返済)	0	4,076	3,068	2,060	1,052	44
	借入金残高合計	10,000	13,065	10,989	8,913	6,837	4,761

※ 7期以降年度末公庫借入金残高(千円)；7期(H36.3) 3,649、8期(H37.3) 2,581、9期(H38.3) 1,513、10期(H39.3) 445、11期(H40.3) 0
(平成39年8月末完済予定)

資料

ラ・フェリーチェ保育園　アレルギー対応マニュアル

食物アレルギーとは
　主な原因物質
　アナフラキシー
　内服薬
　エピペン
予防
　対応の原則
　除去食について
　調乳について
　対応のながれ
　保護者との確認内容
　献立の決定
　情報共有
　調理者の対応手順
　保育士の対応手順
　調乳・授乳
　給食以外での留意点
緊急対応
　アナフラキシーの緊急対応
　職員の役割分担
　発生時のフローチャート

食物アレルギーとは

　食べたり、触ったり、吸い込んだりした食物に対して、体を守るはずの免疫システムが、過剰に反応して起こる有害な症状。原因のほとんどが食物に含まれるタンパク質。

主な原因食物

	0 歳	1 歳	2-3 歳	4-6 歳
No. 1	鶏卵 62%	鶏卵 45%	鶏卵 30%	鶏卵 23%
No. 2	乳製品 20%	乳製品 16%	乳製品 20%	乳製品 19%
No. 3	小麦 7 %	小麦 7%	小麦 8%	甲殻類 9%
No. 4		魚卵 7%	そば 8%	果物類 9%
No. 5		魚類 5%	魚卵 5%	ピーナッツ 6%
小計	89%	80%	71%	66%

アナフラキシー

　アレルギー反応により、じんま疹などの皮膚症状、腹痛や嘔吐などの消化器症状、咳、呼吸困難などの呼吸器症状が、複数同時に急激に出現した状態をアナフラキシーと言う。その中でも意識レベルの低下や脱力がある場合をアナフラキシーショックと呼び、生命にかかわる重篤な症状。

食物アレルギーの処方箋
内服薬

　皮膚症状等の軽い症状に対する内服薬として抗ヒスタミン薬、ステロイド薬がある。

エピペン

　アナフィラキシーショックに対しては、適切なタイミングでのアドレナリン（エピペン）のみが有効。ただし効果は、注射をしてから 15〜20 分しか持続しない。
　職員が注射し、消防署に救急要請（119 番通報）する。その際にエピペンが処方されていることを伝える。

資料

エピペン保管上の留意点
取り扱いは、保護者とよく相談して決定し、職員全員に周知する
場　所
- 15〜30℃の暗所に保存（冷蔵庫は不適）
- アナフラキシーショックに備えて、すぐに取り出せるところに保存
- 子ども達に容易に手がとどくところは避ける

留意点
- 職員全員が保管場所を知っておく
- 職員全員が使い方を知っておく
- 管理責任者を決めて、保管状況や有効期限を確認する

予防

対応の原則

正しい診断に基づいた必要最小限度の原因物質の除去が原則。

安全な給食対応のためには単純化が望ましく、**原則、除去対応**とする。

除去食について

原因物質の除去が必要であっても、少量であれば摂取できることがあるので、摂取不可能な場合のみ申請してもらう。

鶏卵	卵殻カルシウム	その成分は、酸化カルシウム。鶏卵タンパクの混入はほぼなく除去する必要は基本的にない。
牛乳乳製品	乳糖	牛乳との直接的な関連はなく、牛乳アレルギーであっても摂取できる。しかし**食品表示に「乳糖」がある場合、乳タンパクが含有されている場合があり、注意が必要。**
小麦	醤油	醤油が生成される過程で小麦タンパクは完全に分解されるため、基本的に摂取することが出来る。
	酢	酢(食酢)に含まれる小麦タンパク量は、非常に少なく、一回の摂取量も非常に少ないため、基本的に摂取が可能。
	麦茶	麦茶は、大麦を原料としているため小麦とは直接関係はない。しかし麦類全般の除去指導の場合は、除去が必要。
大豆	大豆油	油脂成分が原因となることは基本的になく、除去する必要は基本的にない。
	醤油	小麦タンパクと同様に分解が進み、重症な大豆アレルギーでなければ醤油は利用できることが多い。
	味噌	醤油と同様に重症な大豆アレルギーでなければ醤油は利用できることが多い。
ゴマ	ゴマ油	大豆油と同様で除去の必要はない。しかし精製度の低いゴマ油は、**ゴマタンパクが混入している可能性**があり除去が必要な場合がある。
魚類	かつおだしいりこだし	魚類の出汁(だし)に含まれるたんぱく質は、極少量でほとんどの魚類アレルギーは出汁を摂取できる。
肉類	肉エキス	肉エキスは、肉から抽出された調味料だが、加工食品の使用量は少量であるため接種できる

調乳について

アレルギー用調整粉乳には、いくつかの種類があるが、重症な牛乳アレルギーでなければどのアレルギー用調整粉乳を使っても問題ない。

対応の流れ

アレルギー疾患をもつ子どもの把握

⬇ 入園面接時に保育園での配慮が卒様な場合、申し出てもらう。
健康診断や保護者からの申請により、子どもの状況を把握する

保護者へ生活管理指導表等の配布

保護者に必要な書類を配布。医療機関の受診を求める。

- 生活管理指導表（様式1）
- 食物アレルギー対応票（様式2）
- 緊急時個別対応票（様式3）
- エピペン対応票（様式4）エピペンが処方されている場合のみ

⬇

医師による生活管理指導表の記入

⬇ 主治医、アレルギー専門医に生活管理指導表（様式1）を記載してもらう。
保護者は、必要な書類を保育園に提出する。

保護者との面談

⬇ 生活管理指導表（様式1）、食物アレルギー対応票（様式2）を基に、保育園での生活や食事の具体的な取り組みについて、施設長や保育士、調理担当者と保護者が協議して対応を決める。
エピペンが処方された場合は、「エピペンの保管上の留意点」参照。

保育園内職員による共通理解

⬇ アレルギー児対応一覧表（様式6）等を作成し、子どもの状況、保育園での対応（緊急時）について職員が共通理解する。
保育園内で定期的に取り組みにおける状況報告をおこなう。

アレルギー対応についての見直し

少なくとも1年に1回、生活管理指導表（様式1）については、除去期間に応じ、医療機関で再評価をしてもらう。

除去しているものを解除するとき

除去していた食べ物を解除する場合は、保護者からの「除去解除届（様式5）」による書面申請で可とする。

保護者との確認内容

入所時（入所後に発症した場合は、発症時）及び少なくとも年1回（進級時）におこなう。

> **確認内容**
>
> ☐ 保護者は、これまでのアレルギーに関する問題を整理しているか
>
> ☐ アレルギー疾患が疑われるときに、どの医療機関を受診するか決まっているか
>
> ☐ 保育園生活における留意点に関し、保育園担当者と十分に検討されているか
>
> ☐ 家庭でおこなっていることを保育園でおこなわないことを保護者は理解しているか
>
> ☐ 保護者と確実に連絡が取れる方法を決めているか
>
> ☐ エピペンを打つことになった場合に保護者が必ず短時間で迎えに来られるか
>
> ☐ 給食の提供は、原則除去とするなど対応について、保護者と確認したか
>
> ☐ 毎月の献立打合せの必要性を保護者は理解しているか

献立の決定

　月ごとに除去すべき食品について保護者と確認し、除去食を提供するか、家庭から持参するかを確認する。
　除去食の対応について確認し、個別の献立表を作成し、管理者、保育士、調理者が確認する。
　加工食品、市販菓子等は、原材料表示を確認し、献立を決定する。

情報共有

　アレルギー対応食を提供する場合、全職員にアレルギー対応の内容について情報共有する。
　毎日のミーティングで除去食等の確認をして、ホワイトボード等に記録し、ミーティングに参加していない職員も確認する。
　職員体制の変わる土曜日、延長保育時は、周知を徹底する。

調理者の対応手順

調理室での事前準備	☐ 「アレルギー児対応一覧表（様式6）を調理室に掲示する。 ☐ 献立表を複数の職員で確認する。 ☐ アレルギー児の出欠を保育士に確認する。 ☐ 専用トレイ、専用食器、名札の準備をする。
調理する食事の確認	☐ 家庭から弁当を持参した場合は、調理室の定められた場所に置く。 ☐ 使用する食材、加工食品は原材料表示を確認する。 ☐ 調理手順を確認する。 ☐ 混入を防ぐため、基本的にアレルギー対応食を先に作る。 ☐ 専用容器に盛り付け、ラップをして専用トレイにのせる。 ☐ アレルギー対応食の調理が終わったら、一般食の盛り付けをおこなう。 ☐ 配膳時に名札と専用容器に盛り付けられていることを再度確認する。 ☐ アレルギー対応食を先に保育士に渡す。

保育士の対応手順

事前準備	☐ アレルギー児の出欠を確認し、調理者に伝える。 ☐ アレルギー児と食事担当保育士の座る位置を予め決めておく。
配膳・食事	☐ アレルギー児が予め決めておいた席に座っているか確認する。 ☐ アレルギー対応食を先に配膳する。 ☐ 名札と専用容器に盛り付けられていることを確認する。 ☐ 隣の子どもの食事や落ちている食べ物を食べない様に注意する ☐ アレルギー児については、原則おかわりの提供をしない。 ☐ アレルギー児以外のおかわり提供時も注意する。

資料

調乳・授乳

準備	□ アレルギー対応のミルクは、テープや名札で視覚的に区別する。
調乳時	□ アレルギー児のミルクを調乳するときは、声を出して確認する。 □ ミルク缶と哺乳瓶を専用トレイにセットする。 □ アレルギー児の調乳を先におこなう。
授乳時	□ 哺乳瓶の名前と該当児の顔を確認し、声を出して再度確認する。

給食以外での留意点

小麦アレルギーは、小麦粘土に触れることにより、アレルギー症状が出る場合がある。
おやつ作りでは、使用する食材に対してアレルギーを持っていないかどうかの確認が必要。
豆まきのときは、大豆アレルギーの子どもが誤食しないように見守りが必要。
非日常的なイベントでは、職員が準備や手順に追われ、食物アレルギー事故が起こる例が多く、十分な注意が必要。

緊急時対応

食物アレルギーによる症状は、食物アレルゲン摂取後数分から2時間以内に出現する即時型とそれ以降に出現する遅発型に分類される。注意が必要なのは、即時型で、じんま疹などの皮膚症状が最も多くみられるが、嘔吐、下痢などの消化器症状、咳、喘鳴（ゼーゼーして苦しくなる）などの呼吸器症状が朱柘植することも多く、アナフラキシーを起こし生命にかかわる場合がある。
皮膚症状もしくは、消化器症状までのときは、経過観察あるいは抗ヒスタミン薬投与で対応できる場合もある。
咳や喘鳴などの呼吸器症状を呈した症例の3分の1がショック症状に至るため、このような場合は、緊急に医療機関の受診が必要。

アナフラキシーの緊急対応

アナフラキシー発現時に最も重要なことは、早期の医療機関での治療。特にショック症状が発現している児童では、救急車わ手配して、一刻も早く医療機関で治療を受けること。
アナフラキシーショックに対しては、適切なタイミングでのエピペン使用が非常に有効。

職員の役割分担

保育園におけるアレルギー対応は、職員全員で取り組み、役割分担により全ての職員が、それぞれの役割を理解できるようにする。

施設長	☐ それぞれの役割の確認及び指示。
	☐ エピペンの使用または介助。
①観察	☐ 子どもから離れずに観察。
	☐ 助けを呼ぶ。
	☐ 症状の観察、状況の把握。
	☐ エピペンの使用または介助。
	☐ 薬の内服介助。
②準備と介助	☐ マニュアルの準備。
	☐ 救急の処置。
	☐ 内服薬やエピペンの準備。
	☐ エピペンの使用または介助。
	☐ 施設長の代行。
③連絡	☐ 救急車への連絡。
	☐ 保護者への連絡。
④記録	☐ 観察を開始した時刻を記録。
	☐ エピペンを使用した時刻を記録。
	☐ 内服薬を飲んだ時刻を記録。
	☐ 5分ごとに症状を記録。
⑤他の園児への配慮	☐ 救急車の誘導。
	☐ 他の子どもへの対応。

資料

緊急時のフローチャート

アレルゲンを口に入れたとき 口内違和感は重要な症状		口から出し、口をすすぐ 飲み込ませないように注意して吐かせる
皮膚についたとき 触った手で目をこすらないようにする		洗い流す
眼症状（かゆみ、充血等）が 出現したとき		洗顔後、抗アレルギー薬、 ステロイド点眼薬

↓

緊急常備薬（抗ヒスタミン薬、ステロイド薬等）を内服し、症状観察	→	安静にして観察

↓　　　　　　　　　　　　　保護者への連絡

※アレルギー症状があったら5分以内に判断する

緊急性が高いアレルギー症状

全身の症状	呼吸器の症状	消化器の症状
□ ぐったり	□ 声がかすれる	□ 持続する強いお腹の痛み
□ 意識もうろう	□ 犬が吠えるような咳	□ 繰り返し吐き続ける
□ 尿や便を漏らす	□ 息がしにくい	
□ 脈が触れにくい	□ 持続する強い咳き込み	
□ 唇や爪が白い	□ ゼーゼーする呼吸	

1つでもあてはまる場合

直ちにエピペンを使用する

救急車を要請（119番通報）して、その場で安静にして救急隊を待つ

[様式1]

保育所におけるアレルギー疾患生活管理指導表（食物アレルギー・アナフィラキシー）

名前　　　　　　　　男・女　平成　年　月　日生（　歳　ヶ月）　　　　組　　　　　　提出日　年　月　日

食物アレルギー（あり・なし）

1 病型・治療

A 食物アレルギー病型（食物アレルギーありの場合のみ記載）
1. 食物アレルギーの関与する乳児アトピー性皮膚炎
2. 即時型
3. その他（新生児消化器症状・口腔アレルギー症候群・食物依存性運動誘発アナフィラキシー・その他　　　）

B アナフィラキシー病型（アナフィラキシーの既往ありの場合のみ記載）
1. 食物（原因：　　　　　　　　）
2. その他（医薬品・食物依存性運動誘発アナフィラキシー・ラテックスアレルギー・　　　　　）

C 原因食物・除去根拠　該当する食品の番号に○をし、かつ〈　〉内に診断根拠を記載

【除去根拠】該当するもの全てを〈　〉内に番号を記載
①明らかな症状の既往
②食物負荷試験陽性
③IgE抗体等検査結果陽性
④未摂取

1. 鶏卵　　　　　〈　　〉
2. 牛乳・乳製品　〈　　〉
3. 小麦　　　　　〈　　〉
4. ソバ　　　　　〈　　〉
5. ピーナッツ　　〈　　〉
6. 大豆　　　　　〈　　〉
7. ゴマ　　　　　〈　　〉
8. ナッツ類＊　　〈　　〉
9. 甲殻類＊　　　〈　　〉
10. 軟体類・貝類＊〈　　〉
11. 魚卵＊　　　　〈　　〉
12. 魚類＊　　　　〈　　〉
13. 肉類＊　　　　〈　　〉
14. 果物類＊　　　〈　　〉
15. その他　　　　〈　　〉
＊類は（　）の中に具体的に記載すること。

D 緊急時に備えた処方薬
1. 内服薬（抗ヒスタミン薬、ステロイド薬）
2. アドレナリン自己注射薬（「エピペン®」）
3. その他（　　　　　　）

2 保育所での生活上の留意点

A 給食・離乳食
1. 管理不要
2. 保護者と相談し決定

B アレルギー用調整粉乳
1. 不要
2. 必要　下記該当ミルクに○、又は（　）に記入
ミルフィー・ニューMA-1・MA-mi・ペプディエット・エレメンタルフォーミュラ
その他（　　　　）

C 食物・食材を扱う活動
1. 配慮不要
2. 保護者と相談し決定

D 宿泊を伴う園外活動
1. 配慮不要
2. 食事やイベントの際に配慮が必要

E 除去食品で摂取不可能なもの
病型・治療のCで除去の際に摂取不可能なものに○
1. 鶏卵：　卵殻カルシウム
2. 牛乳・乳製品：　乳糖
3. 小麦：　醤油・酢・麦茶
4. 大豆：　大豆油・醤油・味噌
5. ゴマ：　ゴマ油
6. 魚類：　かつおだし・いりこだし
7. 肉類：　エキス

F その他の配慮・管理事項（自由記載）

★保護者
（電話）

★連絡医療機関
連絡医療機関名：
（電話）

【緊急連絡先】

除去期間および再評価の見通し
1. 6ヶ月
2. 12ヶ月

記載日　　年　月　日
医師名　　　　　　　　　㊞
医療機関名

[様式2]

(保護者)→(保育園)

食物アレルギー対応票

作成日 ： 平成　　年　　月　　日

平成　　　年度　　　年　　　組　　（生年月日：　　　年　　月　　日）
児童氏名　　　　　　　　　　　　　（性別：　　　　）
保護者氏名

緊急連絡先

	氏　名	続柄	電話番号	特記事項
1			自宅・職場・携帯	
2			自宅・職場・携帯	
3			自宅・職場・携帯	

主治医

医療機関名・診療課名　　　　　　　　　　主治医名
電話番号　　　　　　　　　　　　　　　　住所

原因食品と摂取後の症状

家庭での食事・外食・おやつについての除去方法

給食に希望する対応内容

園生活における留意点

食物アレルギー以外のアレルギーについて（治療状況）

緊急時の対応（保育所近くの病院、診療所など）

アナフィラキシーショックの経験の有無

□いいえ　□はい　（回数：　　　回・最後の発症：　　　年　　月・原因：　　　　）
※アナフィラキシー発症時は、必ず救急車を要請します。

園記入欄

保育所おける日常の取組及び緊急時の対応に活用するため、記載された内容を全職員で共有することに同意します。　　　　　保護者署名

様式3
■緊急時個別対応票

作成日： 　年　　月　　日

クラス名	名前	生年月日
		年　　月　　日生

指定救急機関	救急	所轄消防署	名称 Tel 119
	主治医		医院名： 医師名： Tel カルテNo.
	園医		医院名： 医師名： Tel
	搬送医療機関 ①	病院名	Tel カルテNo.
	搬送医療機関 ②	病院名	Tel カルテNo.

園内内線	園長室	
	職員室	

原因物質

管理状況	内服薬	薬品名： 保管場所：	有・無
	エピペン	名前： 消費期限： 保管場所：	有・無

保護者連絡先	順位 (例)	名前・名称 (携帯) 横浜太郎	続柄 父	連絡先 080-0000-0000
	①			
	②			
	③			
	④			
	⑤			

※保護者連絡先には、連絡が取れる順に連絡先電話番号を記入してください。

資料

様式4
(保護者)→(保育園)

エピペン®対応票

作成日 ： 平成　　年　　月　　日

平成　　年度　　年　　組	(生年月日：　　年　　月　　日)
児童氏名	(性別：　　　)
保護者氏名	

原因物質

既往症状

園生活における留意点

緊急時の対応

―――――――――――― 面談時に記入 ――――――――――――

薬剤使用時の留意事項等

使用薬剤

処方医療機関

医師名

保管場所	保管期間（更新時期）

使用条件

園記入欄

※アナフィラキシー発症時は、必ず救急車を要請します。

保育所における日常の取組及び緊急時の対応に活用するため、記載された内容を全職員で共有することに同意します。　　　　保護者署名

様式5

除 去 解 除 届

平成　　年　　月　　日

保育園　　　　　　組

氏名：＿＿＿＿＿＿＿＿＿＿＿＿＿

本児は生活管理指導表で（未摂取・未摂取以外）を理由に除去していた
（食 物 名：　　　　　　　　　　　）
に関して、医師の指導のもと、これまでに複数回食べて症状が誘発されていないので、園における完全解除をしてください。

保護者名：＿＿＿＿＿＿＿＿＿　印

様式6
(保育園用)

H　　年度　アレルギー児対応一覧表

クラス	名前	アレルゲン食材（×がついている食材は食べられません）					喫食内容					
		卵	牛乳乳製品	小麦	大豆	その他	午前おやつ	昼食	午後おやつ	延長サービス	夕食	土曜日

ラ・フェリーチェ保育園　防災マニュアル

1. リスクマネジメント
2. 身の回りの防災
3. 防災グッズ
4. 地域との連携
5. 避難マニュアル
6. 保護者との連携
7. 火災が起きたら
8. 地震が起きたら
9. 台風が来たら
10. 竜巻が発生したら
11. 原子力災害が起きたら
12. 不審者への対応
13. 避難訓練

1. リスクマネジメント

    リスクマネジメントとは、「組織を取り巻く様々な損失や損害が発生しないようにすること。もしも予想できなかった規模の損失や損害が発生した時でも、その被害を最小限にし、よりすみやかに復旧するための活動」である。

    私たちは、自然災害の発生を防ぐことはできないが、その被害を最小限度に食い止めることはできる。

    リスクマネジメントは「リスクの把握」→「リスクの分析」→「リスクへの対応」→「対応の評価」という流れで進められる。

2. 身の回りの防災

    定期的に危険な場所の安全点検を行うことで、災害が起きた時の事故を防ぐことができる。また、建物のまわりにある危険を職員一人一人が実感できる。安全対策は、時間の経過とともに認識が薄れていくので、毎月一回定期的に点検することが必要。

    - 出入り口には物を置かずに、避難ルートを常に使えるようにしておく。
    - 避難ルートに危険な場所、個所がないか毎月一回定期的に点検する。
    - タンス、本箱、くつ箱などは、転倒防止のため、金具等で固定する。
    - テレビ等のオーディオ器具は、金具、ワイヤーで転倒を防止する。
    - 扇風機は、金具、ワイヤーで落下を防止する。

3. 防災グッズ

    避難先での生活に最低限必要なものをいつでも持ち出せるように、非常用持ち出し袋を準備する。また食品、薬、電池は毎年（年末）に消費期限を点検することが必要。

非常用 持ち出し袋1	紙おむつ	おしりふき	おんぶ紐
	着換え	バスタオル	お菓子
	哺乳瓶	粉ミルク	ビニール袋
非常用 持ち出し袋2	園児緊急連絡先	救急用品	ラジオ
	懐中電灯	電池	ブルーシート
	ミネラルウォーター	使い捨てカイロ	ガムテープ・マジック

    園内備蓄品として、ミネラルウォーター、レトルト離乳食、お菓子を三食分用意する。

4. 地域との連携

    日ごろから、地域住民、企業、各種団体と信頼関係を築き、災害発生時に支援を要請できる体制づくりに努める。

連携先	株式会社ラフェリーチェ	○○—○○
	研究学園商店会（ホテルベストラント内）	○○—○○

5. 避難マニュアル

　　火災害の種類（火災の場合は出火元）ごとの避難先と方法を定めた「災害時避難マニュアル」（別紙1）を作成する。

　　避難マニュアルは、園内の目につきやすいところに掲示するとともに保護者へも配布する。

　　また、最寄りの消防、警察、救急医療施設、行政の連絡先を記載した「緊急連絡先」（別紙2）を作成し、園内の電話機近くに掲示する。

6. 保護者との連携

　　園児を安全に保護者のもとに引き渡すためには、保育園の努力だけでなく、保護者の協力が必要。

　　災害時は、電話がつながらないことを予想して、メールや災害用伝言ダイヤルなどの連絡手段を決め、保護者への周知に努める。

保育園メールアドレス	○○○○○@○○○.○○.○○
伝言の録音	○○○-○-○○○-○○○-○○○○
伝言の再生	○○○-○-○○○-○○○-○○○○

7. 火災が起きたら

　　火災は、起こさないことが肝心だが、起きてしまったら、すぐに子どもを避難されなければならない。火災で発生した有毒ガスや高温のガスを吸い込むことによる呼吸困難で人命が奪われるケースが多いため、煙の特性を理解して避難する。

　　保育園が火元の場合は、園児を火元から最も遠くにある避難口から建物の外へ誘導して安全な場所に集め、その後に避難マニュアルにそって避難場所に避難する。

　　可能であれば、延焼を防ぐためにドアや窓をできるだけ閉め、消火器による初期消火を行う。同時に別の職員が消防署に通報する。

　　周辺が火災の場合は、正確な情報をつかみ、状況に応じて避難マニュアルにそって避難場所に避難する。

8. 地震が起きたら

　　地震が起きたら、まず落下物から身を守ることが先決。地震で最も危険なことは、ゆれが原因の火災の発生であるため、ゆれが治まったら保育園だけでなく周辺の安全確認が必要。

　　園児を上から物が落ちてこない、物が倒れてこない場所に待機させる。

　　窓、扉を開けて、出入り口を確保する。

　　状況に応じて、避難マニュアルにそって避難場所に避難する。

　　園外にいた場合は、建物から十分離れた自動車が通らない場所に子どもを誘導し、園児の確認後に保育園と連絡をとり指示を仰ぐ。状況に応じ、より安全な場所への避難も必要。

資料

9. 台風が来たら

台風がもたらす被害のほとんどは風害と水害。台風が発生した時には、台風情報を常にチェックし、接近や通過の可能性がある場合は、あらかじめ対策を立てておく。

台風情報・天気予報を常にチェックし、状況に応じて保護者に連絡を取り、安全なうちに引き取ってもらう。

強風で飛ばされそうなものは、室内に移動するか、ロープ等で固定する。

10. 竜巻が発生したら

竜巻は、積乱雲が発達しやすい夏から秋にかけて発生する可能性が高い。地域に竜巻注意情報が発表された場合は、特に注意が必要。

竜巻が発生した場合、十分な避難時間がある状況では、隣接するマンションに避難要請を行い、再度安全確認をしたうえで避難する。

避難できない場合は、園児を保育室中央に集め、園児の周囲をテーブルで囲み、窓のカーテンを閉めるなど強風による飛翔物被害の軽減に努める。

竜巻通過後は、火災の可能性があるため、状況に応じて避難する。

11. 原子力災害が起きたら

原子力災害が発生した時は、放射線物質の量や風向きなどから放射線の量が一定のレベルを超えると予想されるときに「室内退避」「コンクリート室内退避」または「避難」の指示が出される。行政からの連絡や広報車などで正しい情報を受け取り、落ち着いて行動する。

園児をすぐに保育室に退避させ、人員確認を行う。

窓と通気口を閉め、エアコンや換気扇を止めて外気の侵入を防ぐ。

外にいた子どもは、体を洗い、着換えをさせる（着ていた服はビニール袋に入れて、玄関などに保管）。

子どもの健康に留意し、少しでも気になることがあれば園長又は主任に報告する。

「避難指示」が出された場合は、自治体からの指示をよく確認し、保護者に引き取りに来てもらうか、避難先で保護者に引き渡しを行うか状況により判断する。

避難する場合は、被ばく線量と体内被曝を少しでも減らすため、できるだけ肌を出さない服装を心がけ、水にぬらして硬く絞ったタオルやハンカチで口と鼻を覆うようにする。

自動車で避難する場合は、窓を閉め、空調（冷暖房・送風）は外気が入らないようにする。

12. 不審者への対応

保育園は、保護者の送迎など人の出入りが頻繁な施設であり、多くの乳幼児が生活する施設であるから、外部からの不審者の侵入防止のための措置や訓練など不測の事態に備えた対応を図っておくことが必要。

保護者の送迎が集中する時間など以外は、ドアを施錠し、人物確認等の安全確認実施後に開錠する。

園内での不審者への対応時は、不審者とは適当な距離を保ちながら、園外に誘導して園児に近づかせないようにする。適当な距離がとったら大声で「不審者、110番通報」と叫ぶ。

園外活動時は、園児を集めて職員が周囲を固めて安全を確保し、必要より周囲の人に応援

を求め、110番通報する。
　自治体の不審者情報は、必ず園長が確認し、必要に応じて職員に情報を伝える。

13. **避難訓練**
　　毎月、園児と職員が参加する避難訓練を実施する。
　　訓練には、参加可能な園児と職員全員が参加する。
　　災害想定は、火災、地震、竜巻とする。
　　訓練開始前に職員の役割分担（保育室からの誘導、集合地点での誘導、110番通報、初期消火、非常用持ち出し袋）を決めてから実施する。
　　訓練の様子は、避難訓練記録簿（別紙3）に記録する。

別紙1

ラ・フェリーチェ保育園　災害時避難マニュアル

火　災
1. 園舎からの出火
   - うさぎ組　担当者が引率して、玄関から徒歩で退避、結婚式場に避難する
   - りす組　　担当者が引率して、玄関から徒歩で退避、結婚式場に避難する
   - ひよこ組　引率者がお散歩カー、おんぶ紐を使用して退避、結婚式場に避難する
     ※　先発した引率者が結婚式場に避難協力を要請する
   - 園　長　　全員退避を確認後、貴重品持ち出し、消防署に連絡する
2. レストラン・結婚式場からの出火
   退避場所を研究学園駅前公園レストハウス(休館の場合は、つくば市役所)に変更、先発した引率者が同所に避難協力を要請する

不審者
- うさぎ組・りす組
  園長が対応、その間に担当者が引率して窓から園庭に退避、携帯で警察に通報、結婚式場に応援を要請する。
- ひよこ組
  携帯で園長に連絡、園長が対応している間に園児を奥のスペースに退避、警察に通報。

地　震
- 全組共通
  ① 園児を部屋の中央に集め、揺れが治まるのを待つ。
  ② 園長が園舎と園周辺の安全を確認。
  ③ 出火や園舎倒壊の恐れがある場合は、火災の場合と同様に避難。
  ④ ライフライン確認と懐中電灯、備蓄用水、おやつ等の食品を確認。

竜　巻
- 全組共通
  ① 竜巻が遠くに見える場合は、火災の場合の手順で隣接するマンションに避難。
  ② 避難時間がない場合は、うさぎ・りす組は、園児を保育室中央に集め、周囲をテーブルで囲み職員が保持する。ひよこ組は園児を奥のスペースに退避。
  ③ 竜巻通過後は、地震の場合と同様に対応する。

保護者への連絡
保護者への連絡は、園長携帯(090-○○-○○)、主任携帯(080-○○-○○)で行う。

別紙2

緊 急 連 絡 先

救急・消防　　119番

　　　　　　つくば市消防本部　851-0119

警　察　　　　110番

　　　　　　研究学園交番　850-0110

病　院　　　　○○クリニック　○○-○○

　　　　　　○○病院　○○-○○

行　政　　　　つくば市こども課　883-1111

　　　　　　土浦児童相談所　029-821-4595

園　長　　　　高橋晃雄　090-○○-○○

保育園　　　　つくば市研究学園 5-6-3

　　　　　　電話・FAX 029-875-7831

資料

別紙3

【非常災害等訓練実施記録表】

実施日時	年　　月　　日( )　　時　　分～　　時　　分	天候		記録者	
参加人数	児童　　人　　0歳　人、1歳　人、2歳　人　　3歳　人、4歳　人、5歳　人	職員	人	合計	人
訓練の想定	火災(　　　　　)　　地震(　　　　　　)　　その他(　　　　)				
避難場所	第1(　　　　　　　　　　)	第2(　　　　　　　　　　　)			
実施内容					
反省・感想					
用具の点検	火元の始末　　非常口の確保　　その他　　持出し用品　　消火器点検				

実施日時	年　　月　　日( )　　時　　分～　　時　　分	天候		記録者	
参加人数	児童　　人　　0歳　人、1歳　人、2歳　人　　3歳　人、4歳　人、5歳　人	職員	人	合計	人
訓練の想定	火災(　　　　　)　　地震(　　　　　　)　　その他(　　　　)				
避難場所	第1(　　　　　　　　　　)	第1(　　　　　　　　　　　)			
実施内容					
反省・感想					
用具の点検	火元の始末　　非常口の確保　　その他　　持出し用品　　消火器点検				

記入例

実施日時	平成27年6月　　日( )　　10時00分～11時00分	天候	晴れ	記録者	越谷花子
参加人数	児童　15人　　0歳3人、1歳3人、2歳3人　　3歳4人、4歳2人、5歳0人	職員	5人	合計	20人
訓練の想定	火災(近隣店舗から出火)　　地震(　　　　　)　　その他(　　　　)				
避難場所	第1(保育室隣接の空き地　　　)	第2(○○小学校　　　　　　　)			
実施内容	園長から出火の号令。職員は児童を保育室出口に集め、0・1歳児は散歩車を使用、それ以外の児童は散歩リングを使用し第2避難場所である○○小学校へ避難を始める。○○小学校にて、人数・状態の確認後、園長から鎮火の号令。				
反省・感想	出火の号令に対し、児童は特に混乱もなく落ち着いて指示に従い保室出口まで集まったが、小学校までの経路に工事で散歩車が通りづらい場所があった。万一に備え複数の経路を確保する必要がある。併せて、今後も、職員間の連携を密に訓練を重ねていきたい。				
用具の点検	火元の始末　○　非常口の確保　○　その他　　持出し用品　×　消火器点検　○　非常用ランタンの電池が切れていた。				

ラ・フェリーチェ保育園　保健マニュアル

1. 日常の健康チェック
2. 保護者への連絡基準
3. ＳＩＤＳ対策
4. 感染症対策
5. 緊急対応
6. 内科検診・歯科検診・身体測定
7. 保健資料の収集

資料

1. **日常の健康チェック**

   日常の健康チェックは、健康チェック表（別紙1）に基づき、次の項目をチェックする

   ① 登園時の健康チェック
   保護者から昨日から今日にかけての体調（体温、睡眠、食欲、排便、機嫌）について気になる点を聞き、留意すべき点を表の「注意すること」欄に記入する。

   ② 投薬の有無の確認
   保護者に投薬の有無を確認し、有る場合は、表の「投薬」欄に記入する。保護者に投薬依頼書（別紙2）への記載を依頼する。保護者に投薬方法を聞き、薬に園児名の記載があるかを確認する。
   また市販の薬剤（風邪薬・下痢止め）の投薬は行わない。ただし目薬、日焼け止め、オムツかぶれの薬については、園長または主任の判断で投薬することができる。

   ③ 体温計測
   園児の体温計測は、基本的に登園時と午睡明けに行い表の「体温」欄に計測時間と体温を記入する。
   常時園児の様子を観察し、異常が見られた場合は、体温を計測して37℃を超えた場合は、30分ごとに体温を計測して表に記入する。

   ④ 排便の記録
   園児が排便した場合は、表の「排便」欄に時間と大便の状態（普通、軟便、下痢）を記入する。

   ⑤ 午睡時間の記録
   午睡を開始した時刻と起きた時刻を票の「午睡」欄に記入する。

   ⑥ 当日の体調の変化、体温（2回）と排便回数と便の状態、午睡時間は、おたより帳面に転記する。

2. **保護者への連絡基準**

   体調悪化のため、保護者のお迎えを要請する目安を次の通り定める。
   連絡先は、登園時に毎日訪ねて、健康チェック表（別紙1）の「連絡先」の欄に記入する。
   保護者への連絡は、園長又は主任が行う。

   ① 発熱時
   ・ 体温が38℃超えている（複数の体温計で計測する）。
   ・ 体温が37.5℃を超え、元気がない、機嫌が悪い、食欲がなく水分が摂れない。

② 下痢
- 嘔吐を伴っている。
- 水様便が続いている。
- 食事や水分を摂ると下痢がある。
- 下痢に伴い、体温が平熱より高い。
- 排尿がない。
- 顔色が悪く、ぐったりしている。

③ 嘔吐
- 下痢を伴っている。
- 嘔吐が続いている。
- 嘔吐に伴い、体温が平熱より高い。
- 顔色が悪く、ぐったりしている。

④ 咳
- 喘鳴や呼吸困難がある。
- 咳に伴い、呼吸が早い。
- 咳に伴い、体温が平熱より高い。

⑤ 発しん
- 発しんに伴い、体温が平熱より高い。
- 水疱瘡が疑われるとき。
- 口内炎のため、食事や水分が摂れない。

⑥ 痙攣
- 痙攣の持続時間、体の左右での違い、治まった後の意識の回復状態を記録して、保護者に渡す。
- 痙攣が5分以上続く場合、連続して痙攣を起こした場合は、救急対応マニュアル（別紙6）に基づいて対応する。

3. SIDS（乳幼児突然死症候群）対策

① 発生リスクの高い園児
- 1歳未満、特に生後2カ月から6ヵ月に多く発生する。
- 両親が喫煙している場合は、喫煙しない場合の約4.7倍に発生率が高まる。
- 粉ミルクで育てられた乳児は、母乳で育てた場合より発生率が高まる。

② 保育園の対応
- 午睡チェック表（別紙3）を用いて、10分ごとに睡眠中の園児の呼吸を一人ずつ確認し

て、異常がなければ表の「サイン」欄に呼吸を確認した職員名を記入する。呼吸に異常があった場合は、救急対応マニュアル（別紙6）に基づいて対応する。
- 睡眠中は、うつぶせ寝を避け、仰向けに寝かせる。
- ある程度硬い寝具を保育園で用意する。
- 睡眠中は、顔に寝具やタオルがかからないようにする。
- 睡眠中は、園児同士の体が触れないようにする。

4. 感染症対策

本園は、乳幼児が集団で長期間生活を共にする施設であり、感染症の集団発生を防止することは、子どもの安全と快適な生活に欠かせない。

- ① インフルエンザ
    - 予防の徹底
        流行前のワクチン接種を園だよりやポスターで保護者に呼びかける。
        保育園職員も流行前にワクチン接種を実施する。
        外遊び、食事前の手洗いを徹底する。
        保育室の温度（20℃）と湿度（50～60％）を保つ。
    - 早期発見（インフルエンザ流行時）
        保護者の立会の下、赤外線体温計で体温を計測し、38℃前後の場合は、保護者に休養を促す。
        常に園児の体調に注意し、咳をしている、顔が赤い、食欲がない、機嫌が悪い、ぼーっとしていることが見られた場合は、直ぐに体温を計測する。
        上記の状態が見られ、体温が37.5℃を超えている場合は、園長又は主任が保護者に連絡してお迎えを要請する。
    - 出席停止期間の徹底
        インフルエンザで欠席の場合は、園長が保護者との連絡の中で発症日（熱が出た日）と解熱日を聞き、「症後5日を経過し、かつ解熱後3日が経過していないと登園できない」ことを保護者に伝え、病状が回復し、保育施設での生活に支障がないと医療機関が診断した後の登園を求める。

- ② 流行性胃腸炎
    - 感染予防
        流行性胃腸炎の原因となるロタウイルスやノロウイルスは、アルコールや逆性石鹸に耐性があるため、殺菌剤は、塩素系殺菌剤（ピューラックス希釈液）を用意する。
        罹患者の嘔吐物と便に大量のウイルスが含まれ汚染源となるため、注意して処理することが感染防止につながる。
        嘔吐物には、嘔吐物とその周辺1mに殺菌剤を散布して、トイレットペーパーでふき取り、トイレに流す。
        罹患者の便が付着したオムツは、二重にしたビニール袋に入れて廃棄する。

オムツ替えの後は、マット全面を殺菌剤をティッシュに吹き付けたもので拭く。

便が付着した園児の下着や服は、殺菌剤で洗い、色落ちを防ぐために直ちに水洗い又は選択する。

職員は、着換えを必ず用意し、便や嘔吐物が付着した可能性がある場合は、直ちに殺菌、選択する。

園内だけでなく、家庭での感染予防、特に選択方法について「新型ノロウイルス対策について」（別紙4）を配布して感染予防に努める。

罹患者の便には、1カ月程度はウイルスが含まれているので、回復後も便の取り扱いに注意する。

③ その他の感染症と登園の目安

病　名	以下の基準に基づき主治医が判断する
麻しん（はしか）	解熱後3日を経過するまで
風しん（三日ばしか）	発疹が消失するまで
水疱（水ぼうそう）	全ての発疹がかさぶたになるまで
流行性耳下腺炎（おたふくかぜ）	耳下腺、顎下腺または舌下腺の腫脹が発現した後5日を経過し、かつ全身状態が良好になるまで
結核	医師により感染の恐れがないと認められるまで
咽頭結膜炎（アデノウイルス感染症・プール熱）	主な症状が消失した後2日経過するまで
流行性結膜炎（はやり目）	医師により感染の恐れがないと認められるまで
百日咳	特有の咳が消失するまでまたは、抗性物質による治療が修了するまで
髄膜炎菌性髄膜炎	医師により感染の恐れがないと認められるまで
腸管出血性大腸菌感染症（O-157など）	医師により感染の恐れがないと認められるまで
溶連菌感染症	抗菌剤薬服用後、発熱、発疹等の症状が回復するまで
伝染性膿痂疹（とびひ）	医師により感染の恐れがないと認められるまで
マイコプラズマ肺炎	発熱や咳が治まっていること
手足口病	全身状態が良好で普段の食事がとれること
ヘルパンギーナ	全身状態が良好で普段の食事がとれること
RSウイルス感染症	呼吸器症状が消失し、全身状態が良いこと

④ 感染症発症後の登園
   ・登園届

子どもが感染症に罹患した場合は、医師の診断に従い、回復後の登園時に登園届（別紙5）の提出を要請する。

資料

5. 緊急対応
   子どもの心身に重大な状態が生じた場合は、躊躇することなく緊急対応マニュアル（別紙6）に基づいて迅速に行動する。
   緊急対応マニュアルは、緊急連絡先、災害時避難マニュアルと共に電話機の近くに常に掲示しておく。

6. 内科検診・身体測定

   ① 内科検診
   - 年二回半年ごとに小児科医師による園児の内科検診を実施する。
   - 内科検診の結果は、園児ごとに内科検診表(別紙7)に記載して担当医の確認印を得る。
   - 検診の結果は、おたより帳等で保護者に伝える。
   - 異常が見つかった場合は、保護者に伝え、担当医に相談することを進める。

   ② 歯科検診
   - 年二回半年ごとに小児科医師による園児の内科検診を実施する。
   - 歯科検診の結果は、園児ごとに歯科健康診査記録表検（別紙8）に記載する。
   - 検診の結果は、おたより帳等で保護者に伝える。
   - 異常が見つかった場合は、保護者に伝え、歯科医師に相談することを進める。

   ③ 身体測定
   - 毎月一回、園児の身長と体重を計測して身体測定表（別紙9）に記入する。
   - 測定の結果は、おたより帳等で保護者に伝える。

7. 保健資料の収集

   ① 園児保健資料の収集
   - 園児が母子健康法に基づく乳幼児健診を受信した場合は、発育・栄養状態の確認、先天的な病気の有無・早期発見、予防接種の時期や種類の確認を行うため、保護者に母子手帳のコピーを求め、個人ごとに保管する。

   ② 行政からの保健資料の収集
   - 行政から e-mail 等で送られてくる感染症やＳＩＤＳ等の保健資料は、できる限り印刷して職員間で閲覧し、また研修等に活用する。
   - 感染症予防ポスター等は、印刷して掲示板に掲示する。

健康チェック表 1

H 28年　月　日（　）

No.	氏名	保育時間	投薬	連絡先	注意すること	体温	排便	午睡	降園予定時間	備考
1			有・無	職・携						
2			有・無	職・携						
3			有・無	職・携						
4			有・無	職・携						
5			有・無	職・携						
6			有・無	職・携						
7			有・無	職・携						
8			有・無	職・携						
9			有・無	職・携						
10			有・無	職・携						
11			有・無	職・携						
12			有・無	職・携						
13			有・無	職・携						
14			有・無	職・携						
15			有・無	職・携						
16			有・無	職・携						
17			有・無	職・携						
18			有・無	職・携						
19			有・無	職・携						

資料

投　薬　依　頼　書

園児名		生年月日	年　　　月　　　日
病院名		受 診 日	年　　　月　　　日
投薬理由			
投薬方法			
記 載 例	夕食後にオレンジの粉薬を少量の水に溶かして飲ませる。 お昼寝前後に緑色の塗り薬を首の右の付け根に薄く塗る。		

投薬依頼にあたって、下記の事項を了承のうえ、ご署名をお願いします。

・ 当園職員は、医師の指示をいただいた保護者と同じ方法で投薬いたします。
・ 当園職員は、医師・看護士のような医療行為はできません。
・ 解熱剤、座薬は投与いたしません。
・ 市販の薬剤（風邪薬・下痢止等）は、お預かり、投薬いたしません。
・ 依頼された投薬行為により、病状の急変や後遺症が発生しても当園では、一切の責任を負いません。

　　　　　　　　　　　　　　　　　　ラ・フェリーチェ保育園　園長　高橋晃雄

　　　　　　　　　　　　　　　　記入年月日　　　年　　　月　　　日

　　　　　　　　　　　　　　　　保護者氏名

午睡 チェック表

　　　　　　　　　　　　　　　　　　　　　　　　　　　／　（　）

名前		名前		名前		名前		名前	
時間	サイン	時間	サイン	時間	サイン	時間	サイン	時間	サイン
8:00		8:00		8:00		8:00		8:00	
8:10		8:10		8:10		8:10		8:10	
8:20		8:20		8:20		8:20		8:20	
8:30		8:30		8:30		8:30		8:30	
8:40		8:40		8:40		8:40		8:40	
8:50		8:50		8:50		8:50		8:50	
9:00		9:00		9:00		9:00		9:00	
9:10		9:10		9:10		9:10		9:10	
9:20		9:20		9:20		9:20		9:20	
9:30		9:30		9:30		9:30		9:30	
9:40		9:40		9:40		9:40		9:40	
9:50		9:50		9:50		9:50		9:50	
10:00		10:00		10:00		10:00		10:00	
10:10		10:10		10:10		10:10		10:10	
10:20		10:20		10:20		10:20		10:20	
10:30		10:30		10:30		10:30		10:30	
10:40		10:40		10:40		10:40		10:40	
10:50		10:50		10:50		10:50		10:50	
11:00		11:00		11:00		11:00		11:00	
11:10		11:10		11:10		11:10		11:10	
11:20		11:20		11:20		11:20		11:20	
11:30		11:30		11:30		11:30		11:30	
11:40		11:40		11:40		11:40		11:40	
11:50		11:50		11:50		11:50		11:50	
12:00		12:00		12:00		12:00		12:00	
12:10		12:10		12:10		12:10		12:10	
12:20		12:20		12:20		12:20		12:20	
12:30		12:30		12:30		12:30		12:30	
12:40		12:40		12:40		12:40		12:40	
12:50		12:50		12:50		12:50		12:50	
13:00		13:00		13:00		13:00		13:00	
13:10		13:10		13:10		13:10		13:10	
13:20		13:20		13:20		13:20		13:20	
13:30		13:30		13:30		13:30		13:30	
13:40		13:40		13:40		13:40		13:40	
13:50		13:50		13:50		13:50		13:50	
14:00		14:00		14:00		14:00		14:00	
14:10		14:10		14:10		14:10		14:10	
14:20		14:20		14:20		14:20		14:20	
14:30		14:30		14:30		14:30		14:30	
14:40		14:40		14:40		14:40		14:40	
14:50		14:50		14:50		14:50		14:50	
15:00		15:00		15:00		15:00		15:00	
15:10		15:10		15:10		15:10		15:10	
15:20		15:20		15:20		15:20		15:20	
15:30		15:30		15:30		15:30		15:30	
15:40		15:40		15:40		15:40		15:40	
15:50		15:50		15:50		15:50		15:50	
16:00		16:00		16:00		16:00		16:00	
16:10		16:10		16:10		16:10		16:10	
16:20		16:20		16:20		16:20		16:20	
16:30		16:30		16:30		16:30		16:30	
16:40		16:40		16:40		16:40		16:40	
16:50		16:50		16:50		16:50		16:50	
17:00		17:00		17:00		17:00		17:00	
17:10		17:10		17:10		17:10		17:10	
17:20		17:20		17:20		17:20		17:20	
17:30		17:30		17:30		17:30		17:30	
17:40		17:40		17:40		17:40		17:40	
17:50		17:50		17:50		17:50		17:50	
18:00		18:00		18:00		18:00		18:00	
18:10		18:10		18:10		18:10		18:10	
18:20		18:20		18:20		18:20		18:20	
18:30		18:30		18:30		18:30		18:30	
18:40		18:40		18:40		18:40		18:40	
18:50		18:50		18:50		18:50		18:50	
19:00		19:00		19:00		19:00		19:00	

資料

新型ノロウイルス対策について

　新型ノロウイルスの流行が報道されています。ウイルスが変化して園児だけでなく職員も免疫がないため、流行すると最悪の場合、休園の可能性もあります。また感染力が非常に強いため、家族全員が感染する可能性もあります。
　そこで園内流行の防止するためのお願いと家庭内感染を防止するコツをお伝えします。

園内流行を防止するためのお願い

　ノロウイルス感染(流行性胃腸炎)の主な症状は、吐き気・嘔吐・腹痛・下痢です。乳幼児の場合、食欲不振や不機嫌の後に嘔吐や下痢を繰り返します。このような症状が見られたら登園を控え、医師の診断を受けてください。
　本園では、嘔吐物や便が付着した服と下着は、感染防止のため全て塩素殺菌します。色落ちする場合がありますがご了承いただけますようお願いいたします。

家庭内感染を防止するコツ

　ノロウイルスは、アルコールや除菌洗剤にも耐性がある感染力の強いウイルスです。そのため嘔吐物や便の処理方法を誤ると高い確率で家族も感染します。
　感染防止に安価で効果的なものは、次亜塩素酸ナトリウムを含むキッチンハイターなどの塩素系の漂白剤と溶液が泡状になるスプレー容器入りのものです。
　嘔吐の場合、嘔吐物と周辺に泡ハイターをスプレーしてからトイレットペーパーで拭き取り、トイレに流します。服やシーツに付いた場合は、嘔吐物をトイレに流してから洗濯機で洗いますが、その際、洗濯洗剤と一緒にキッチンハイターをキャップ一杯洗濯機に入れてください。子どもの服だけでなく、嘔吐物が付いた可能性がある親の服やタオルなども同様に洗濯します。
　枕や布団、カーペットに付着した場合は、泡ハイターをスプレーしてから固く絞ったタオルなどで拭き取ります。色落ちやシミになる可能性は高いのですが洗剤では、ノロウイルスの殺菌効果がなく乾くとウイルスが飛散して感染します。また、換気を十分にしてください。
　便の処理にも注意が必要です。便が付いた紙オムツやお尻ふきは、二重にしたポリ袋に入れて口を縛ってから廃棄します。オムツ換えに使ったマットや床は、泡ハイターを少量付けたティッシュペーパーで拭き、手は液体石鹸で念入りに洗います。便の付いた服の洗濯は、嘔吐時と同様です。
　嘔吐や下痢の症状がなくなってからもノロウイルスは、1ヵ月近く便に含まれます。便の処理や洗濯時のハイター使用は、2週間程度は続けてください。

　ノロウイルスによる胃腸炎は、2-3日で治ると言われています。しかし本園では、毎年のように脱水症状で点滴を受けるなど重症化してしまう親子が見受けられます。
　感染予防にご理解ご協力をお願い申し上げます。

ラ・フェリーチェ保育園　園長　髙橋晃雄

ラ・フェリーチェ保育園　登園届

　本園は、乳幼児が集団で長時間生活を共にする施設です。感染症の集団発生や流行を防止することは、子どもの安全と快適な生活に欠かせないことです。

　お子様が下記の感染症に罹患した場合は、医師の診断に従い、登園届けの提出をお願いいたします。

登　園　届

園児氏名　_____

上記園児は、「(病名)　　　　　　　　　　　　」と診断され

平成　　年　　月　　日に医療機関「　　　　　　　　　　」において

病状が回復し、保育施設での生活に支障がないと判断されましたので登園いたします。

　　　　平成　　年　　月　　日　　保護者名　_____

病　名	以下の基準に基づき主治医が判断する
麻しん（はしか）	解熱後3日を経過するまで
インフルエンザ	発症後5日を経過し、解熱後3日を経過するまで
風しん（三日ばしか）	発疹が消失するまで
水疱（水ぼうそう）	全ての発疹がかさぶたになるまで
流行性耳下腺炎（おたふくかぜ）	耳下腺、顎下腺または舌下腺の腫脹が発現した後5日を経過し、かつ全身状態が良好になるまで
結核	医師により感染の恐れがないと認められるまで
咽頭結膜炎（アデノウイルス感染症・プール熱）	主な症状が消失した後2日経過するまで
流行性結膜炎（はやり目）	医師により感染の恐れがないと認められるまで
百日咳	特有の咳が消失するまでまたは、抗性物質による治療が修了するまで
髄膜炎菌性髄膜炎	医師により感染の恐れがないと認められるまで
腸管出血性大腸菌感染症（O-157など）	医師により感染の恐れがないと認められるまで
溶連菌感染症	抗菌剤服用後、発熱、発疹等の症状が回復するまで
伝染性膿痂疹（とびひ）	医師により感染の恐れがないと認められるまで
マイコプラズマ肺炎	発熱や咳が治まっていること
手足口病	全身状態が良好で普段の食事がとれること
感染性胃腸炎	嘔吐、下痢が治まり、全身状態が良好で普段の食事がとれること
ヘルパンギーナ	全身状態が良好で普段の食事がとれること
RSウイルス感染症	呼吸器症状が消失し、全身状態が良いこと

資料

救急対応マニュアル

```
        発　見
・反応を確認　・時刻を確認
```

A 保育者 ← 反応なし → **B 保育者**

呼吸の確認
気道を確保して、呼吸しているかを確認する
（状況をB保育者に伝える）

- 呼吸なし
- 呼吸あり → 気道を確保して横向きに寝かせて様子を見る

119番へ通報
- 消防の指示をA保育者に伝える
- 保護者へ連絡
- 他の子どもの安全確保
- 救急車を待つ間の準備
    ① 子どもの名前
    ② 生年月日
    ③ 住所
    ④ 身長・体重
    ⑤ 保護者の名前と連絡先
    ⑥ 保険証コピー
- つくば市こども課に連絡
    Tel 883-1111

心肺蘇生
ただちに胸骨圧迫を開始する
- 0歳児は、二本指法
- 1歳児以上は、片手
- 強く（胸の厚さの3分の1）
- 早く（1分間に百回以上）

人工呼吸は可能な場合に実施
胸骨圧迫15回に1回

救急車を呼ぶとき
① 住所　つくば市研究学園　5-6-3
② 施設　ラ・フェリーチェ保育園
③ 名前　保育士〇〇
④ 電話　028-875-7831
⑤ 状況
- 〇歳の男の子・女の子
- 呼吸の状態
- 意識の状態
- 全身状態（痙攣・高熱など）
⑥ 目印
　研究学園駅近く、青い丸屋根の結婚式場の向かい側

ラ・フェリーチェ保育園　園児内科検診				担当医　　　　　先生	実施日　平成　　年　　月　　日	
氏　名	生年月日	体重(kg)	身長(cm)	担当医所見		確認印
	年　月　日					
	年　月　日					
	年　月　日					
	年　月　日					
	年　月　日					
	年　月　日					
	年　月　日					
	年　月　日					
	年　月　日					
	年　月　日					

ラ・フェリーチ保育園　歯科検診

実施日　平成　年　月　日　　担当医師　　　　先生

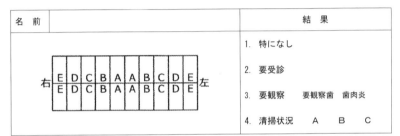

氏名	4月		5月		6月		7月		8月		9月		10月	
	日	kg	日	kg	日	kg	日	kg	日	kg	日	kg	日	kg
	cm		cm		cm		cm		cm		cm		cm	

資料

0歳児個別指導計画（前半）　　平成　　年　　月

児童名		生年月日	年　　月　　日	記載者	

		1歳3ヵ月	1歳6ヵ月	1歳8ヵ月	1歳11ヵ月	2歳
子どもの発達過程	食事	○スプーン、フォークを使って食べ始める。			○好き嫌いが増える	○スプーンが逆手持ちになる
	排泄	○排尿感覚が長く、量が多くなる。				○排泄を知らせようとする。
	睡眠	○睡眠時間が一定になる。				
	身体の動き	○立ち上がり歩く	○小走りする	○ジャンプしたりする		○手先が器用になる
				○記憶力がアップ	○殴り書きをする	○見立て遊びをする
	反応		○指先を使った運動遊びをする（たたく・引く・ねじる）			
	言葉		○片言で伝える	○欲求を言葉で伝える		○2語文を話すようになる
	感情	○友達に関心を示す		○所有欲が強くなる		○自我が拡大する
月齢ごとの保育内容	ねらい・内容	○怒る、喜ぶ、照れる、嫉妬するなど様々な感情を表に表す ○歩きたい欲求を満たす。	○何でも自分でやろうとする意欲が出る。 ○歩行が安定し、色々なところを歩くことを楽しむ。	○保育士や友達と関わりを持とうとする。 ○ごっこ遊びの芽生え。 ○絵本の読み聞かせや玩具を使って遊ぶ。		○後ろ歩き、跳ぶ、登る等全身を使った運動遊びをする。 ○感じたことを言葉で表現しようとする。
	援助・配慮	○感情を理解し、安心して様々な思いを出せるようにする。 ○転倒に注意する。	○自分でやろうとする気持ちを受け止める。 ○段差や坂に誘い、歩くことを楽しめるようにする。	○保育士も一緒に遊びに入り、ごっこ遊びの芽生えを養う。		○子どもの動きに合わせて一緒に遊ぶ。 ○自分から表現しようとする気持ちを受け止める。
外遊びねらい		○外気に触れる心地よさ、のびのびと手足を動かす楽しさを知る ○散歩など外にでかけて、色々なものをたくさん見る ○				

子どもの姿（先月とのちがい）	自己評価と反省（ねらいに対して）	行　事

0歳児個別指導計画（後半）　　平成　　年　　月

児童名		生年月日	年　月　日	記載者	

		7ヵ月	8ヵ月	9ヵ月	10ヵ月	11ヵ月	1歳
子どもの発達過程	食事	○色々な味になれる		○形のあるものは、手づかみで食べる		○手づかみが多いがスプーンやフォークをもって食べる	
	排泄	○姿勢を自由に変えたがり、オムツ交換を嫌がる子もいる					
	睡眠	○午前と午後の2回寝が多くなる				○概ね午後1回の睡眠で足りるようになる	
	身体動き反応	○お座りをする		○四つん這いで移動する	○つかまり立ち、伝い歩きが始まる		
	言葉	○手で玩具を持ち替える　　　　　　　○指でつまめる　　　　　　　　　　　　○両手で物を投げたり拾ったりする ○あやされると声を発する　　　　　○動作で表す(ちょうだい、バイバイなど)　○片言を言う 　　（マンマ、ワンワンなど）					
	感情	○人見知りがはじまる			○大人の真似がうまくなる		

月齢ごとの保育内容	ねらい・内容	○部屋の環境や保育士に慣れる。 ○保育士に世話をしてもらう心地よさを味わう。 ○オムツを替えてもらったり、欲求を満たしてもらい安心する。	○興味のある玩具を使って一人遊びを楽しむ。 ○お座り、ハイハイ、つかまり立ちを十分にしようとする。	○保育士と同じものを見つめたり、指さしたりして要求を伝えようとする。 ○伝え歩きをして移動を楽しむ。
	援助・配慮	○遊びそうな玩具を用意したり、微笑みかけたりあやしたりし、安心してもらえるようにする。 ○オムツは汚れたら優しく声をかけながらこまめに替える。	○手指の感覚を育めるように、つかんだり、容器から出し入れして楽しめる玩具を用意する。 ○飲み込んでしまわないように大きさに注意する。 ○新しいことができた時は、褒める。	

外遊びねらい	○外気に触れる心地よさ、のびのびと手足を動かす楽しさを知る ○散歩など外にでかけて、色々なものをたくさん見る ○

子どもの姿(先月とのちがい)	自己評価と反省(ねらいに対して)	行　事

資料

| 1歳児　個別指導計画　　平成　　年　　月 |

| 児童名 | | 生年月日 | 年　　月　　日 | 記載者 | |

年間区分		4月〜6月	7月〜9月
ねらい		○保育者との信頼関係を築き、初めての体験に喜んで取り組もうとする。 ○保育者や友達とのかかわりから好きな遊びを見つけ十分楽しむ	○保育者や友達に興味を持ち、積極的に関わろうとする。 ○保育園の生活リズムに慣れる。
養護	生命	○家庭との連携を取りながら、一人一人の健康状態や発育・発達状態を把握し、無理なく園生活を過ごせるようにする。	○一人一人との関わりを十分に持ち、生理的欲求が満たされるようにする。 ○事故やケガのないように見守りながら、子どもの興味が広がり、深まるように関わっていく。
	情緒	○保護者との連絡を密にし、信頼関係を築くことにより子どもの安定が図れるようにする。	○喃語や一語文、身振り手振りなどの表現を理解し、興味や気持ちに優しく応じ、満足感を感じられるように接する。
教育	健康	○身近な人や物に働きかけ、好きな遊びを見つけてじっくり遊ぶ。 ○室内の探索活動を楽しむ。	○水遊びや外遊びを十分に楽しみ、水分補給や休息を十分に取る。
	人間関係	○保育者等の身近な大人に関わり、興味や親しみを持つ。	○友達と同じ遊びを楽しみ、親しみを感じて関わる。
	環境	○野外体験をとおして、花や昆虫と触れ合う。	○異年齢児との触合いで、同じことをやろうとする。 ○「危ない」など制止の意味を知り、安全に遊ぶ。
	言葉	○保育者のゆっくりとした発音を真似て、模倣しようとしたり、片言や身振りで自分の思いを伝えようとする。	○歌や手遊びを楽しむ中で様々な言葉に触れる。 ○応答的な言葉のやり取りを楽しむ。
	表現	○自由な表現を保育者と一緒に楽しむ。 ○友達の行動に興味を持つ。	○水の冷たさや心地よさを感じ、友達と同じ思いを共有する。 ○ハサミ、糊、クレヨン等の使い方を覚える。
食育		○保育者や友達と楽しい雰囲気のなかで租借することを意識して食事する。 ○正しくスプーンやフォークを持ち、正しい姿勢で食事する。	○苦手なものも励まされて、頑張って食べようとする。
環境設定		○保育室内外の危険個所を十分に把握し、活動前に保育者間で共通理解を図っておく。	○玩具消毒をこまめに行う。 ○水遊びができるように環境を整える。
配慮事項		○保護者との連絡を密にし、心身の状態を理解して過ごせるように、触れ合いや言葉がけを行う。	○子どものやる気や興味に応じて、援助内容を決める。 ○子どもの様子を見ながら適切な負荷になるようにする。

子どもの姿(先月とのちがい)	自己評価と反省(ねらいに対して)	行　事

1歳児　個別指導計画　　平成　　年　　　月

児童名		生年月日	年　　　月　　　日	記載者	

年間区分		10月～12月	1月～3月
ねらい		○身の回りのことに興味を持ち、自分でしようとする。 ○地域の人との関わりを通して、いろいろな人の存在に気づく。	○進級に期待や喜びを持てるようになる。 ○生活の流れが分かり、進んで行動しようとする。
養護	生命	○室内外の気温に留意し、衣服調整を行い快適に過ごせるようにする。 ○自分でやりたいという気持ちを引き出し、それを十分に受け止める。	○自分でやろうとする気持ちを受け止め、満足感が得られるように配慮しながら援助していく。
	情緒	○様々な音楽や絵本、紙芝居などを通して、豊かな情操を育んでいく。 ○保育者との十分なスキンシップにより心の安定を図るようにする。	○友達や周囲の人の存在を認め、興味や関心が高まり、関わりの中から自己肯定缶信頼関係が育まれるようになる。
教育	健康	○遊具やボールなどの用具を使った運動遊びを楽しむ。	○玩具を仲立ちとした見立て遊びを友達や保育者と楽しみ絆を深める。
	人間関係	○好きな友達と好きな遊びをじっくり楽しみ、一緒に過ごす喜びを感じる。	○友達の名前を親しみをこめて呼び仲間意識を持つ。 ○物事の善悪に関心を持つ。
	環境	○自分の体に興味を持ち、部位の名前が分かる。 ○色の違いが分かり、好みの色がでてくる。	○友達のもの、個人のものの区別がつくようになり、自分の持ち物を大切にする。
	言葉	○気に入ったフレーズやリズムのある言葉を楽しく話す。 ○知っている歌を大声で歌おうとする。	○友達や保育士との会話を楽しむ。 ○二語文が増え、会話が弾むようになる。
	表現	○気に入った楽器を手に取り、様々な音色に親しむ。 ○自然素材に親しむ。	○自分のイメージを膨らませて様々な素材や玩具・遊具を実物に見立て、独自の世界を楽しむ。
食育		○食器に残った食べ物を集めて残さずに食べようとする。 ○食材に興味を持ち、楽しく食事する。	○こぼしながらも、一人で最後まで食事しようとする。 ○三角食べができるようになる。 ○果物の皮と実の違いが判る。
環境設定		○園周辺の危険個所の把握に努め、安全を確保しながら自然と触れ合えるようにする。	○2歳児と一緒に遊ぶ機会を設け、進級への憧れや期待が持てるようにする。
配慮事項		○自分でやりたいという意欲が高まるので、満足感が得られるような援助を心がける。 ○簡単な言葉で気持ちを伝えられるように即す。	○できていること、苦手なところを把握し、援助していく。 また、できたことをたくさん褒め、地震につなげていき、進級への期待が持てるようにする。

子どもの姿（先月とのちがい）	自己評価と反省（ねらいに対して）	行　　事

資料

2歳児　個別指導計画　　平成　　年　　月

| 児童名 | | 生年月日 | 年　　月　　日 | 記載者 | |

年間区分		4月～6月	7月～9月
ねらい		○新しい場や保育者、友達に慣れ、喜んで園生活を送る。 ○自分のクラスや持ち物の置き場が分かる。	○生活が安定し始めね安心して園生活を楽しむ。 ○水の冷たさや砂の気持ちよさを味わう。
養護	生命	○食事、排泄、午睡などが安定してできるように一人一人に応じて適切に対応していく。	○個々の健康状態に気を配り、水分補給や活動と休息のバランスに配慮する。 ○室内の風通しや室温に気を配る。
	情緒	○不安や要求を受け止めてもらい、安心して自分の気持ちを表せるように援助する。	○自分でしたがる時は見守り、手助けが必要な時は援助するなど、自分でしようとする気持ちを大切にする。
教育	健康	○手洗い、手拭きを自分でする。	○外遊びやトイレの後の手洗を自分でする。
	人間関係	○保育者や友達と、安定した関わりで安心して過ごす。	○保育者に気持ちを受け止めてもらいながら、他者との関わりを持とうとする。
	環境	○自分の持ち物やロッカーに興味を覚える。	○水遊びなど夏ならではの遊びを楽しむ。
	言葉	○手遊びや歌を保育者と一緒に楽しむ。	○絵本を楽しむ中で、言葉を覚える。
	表現	○ハサミ、糊、クレヨン等の使い方を覚える。	○全身を使って踊ったり、走ったりする。
食育		○楽しい雰囲気の中で適量を食べる。	○よく噛んで最後まで食べようとする。
環境設定		○いろいろな玩具、絵本を用意する。	○ゆっくりとくつろげる場所を用意する。
配慮事項		○新入園児は、保育者の側を離れられないこともあるので、しっかりと寄り添い、気持ちを受け止める。	○暑さで疲れやすくなっているので、休息や水分を十分にとる。

子どもの姿(先月とのちがい)	自己評価と反省(ねらいに対して)	行　事

| 2歳児　個別指導計画　　平成　　年　　　月 |

| 児童名 | | 生年月日 | 年　　月　　日 | 記載者 | |

年間区分		10月〜12月	1月〜3月
ねらい		○色や形に関心を示し、様々な素材に親しむ。 ○保育者に手伝ってもらいながら、簡単な身の回りのことを自分でしようとする。	○友達との関わりを深め、ごっこ遊びや簡単な集団遊びを楽しむ。 ○進級への期待を持つ。
養護	生命	○体調や気候に合わせて衣服を調節する習慣をつける。 ○インフルエンザ等の対策を立て、取り組む。	○基本的生活習慣の習得を援助し、一人でできた喜びを味わい自身が持てるようにする。
	情緒	○「順番」「交代」「貸して」などの約束を守ることで、友達と一緒に遊ぶ楽しさを味わえるように仲立ちする。	○自分のものと友達の物が少しずつ分かり始め、友達を意識しながら遊んだり行動したりできるようにする。
教育	健康	○戸外から戻ったらうがいをする。	○鼻水がでたら自分でかもうとする。
	人間関係	○ぶつかり合いを経験することで、相手の要求に気づいたりわかろうとしたりする。	○簡単なごっこ遊びで少しづつ相手を意識し、共通の遊びを進めようとする。
	環境	○外遊びで自然物を見たり触れたりする。 ○簡単な数、色、形の違いを理解証とする。	○好きな玩具に進んで関わり、それを使って友達とごっこ遊びを楽しむ。
	言葉	○身の回りの色々な物の名称を覚える。	○質問に答えたり、挨拶したりする。
	表現	○絵本の登場人物や動物になりきって遊ぶ。	○保育者と一緒に工作を楽しむ。
食育		○苦手なものでも食べてみようとする。	○橘の使い方を覚える。
環境設定		○秋の自然物などを集め、遊べるようにする。	○室温を保ち、換気を十分にする。
配慮事項		○手洗い、うがいの習慣がつくように毎日丁重に行う。	○一人一人の育ちを見直し、遊びへの興味や生活習慣、発達課題を再確認する。

子どもの姿（先月とのちがい）	自己評価と反省（ねらいに対して）	行　　事

資料

平成29年度　ラ・フェリーチェ保育園　年間指導計画案　2歳児

保育目標　基本的生活習慣を身につけ、自分の思いを言葉で表出できるようになる

年間区分		I期（4月～6月）	II期（7月～9月）	III期（10月～12月）	IV期（1月～3月）
ねらい		○新しい場や保育者・友達に慣れ、喜んで園生活を送る。 ○自分のクラスや持ち物の置き場がわかる。	○生活が安定し始めみんなで園生活を楽しむ。 ○水の冷たさや持ちの気持ちよさを味わう。	○色や形に親しみ、様々な素材に親しむ。 ○保育士に手伝ってもらいながら、簡単な身の回りのことを自分でしようとする。	○友達との関わりを深め、ごっこ遊びや簡単な集団遊びを楽しむ。 ○進級への期待を持つ。
養護	生命	○食事、午睡などが安定してできるように一人一人に応じて適切に対応していく。	○個々の健康状態に気を配り、水分補給や活動、休息のバランスに配慮する。 ○室内の風通しや室温に気を配る。	○体調の変化に合わせて衣類を調節する習慣をつけ、インフルエンザ等の対策を立て、取り組む。	○基本的な生活習慣を把握し、園生活で安心して過ごせるよう自身が持てるようにする。
	情緒	○不安や要求をを受け止めてもらい、安心して自分の気持ちを表せるように援助する。	○自分でしたがる時は見守り、自分でできた満足感は十分味わい、できないところは援助するなど、自分でしようとする気持ちを大切にする。	○興味深くで探しでしたいとの約束を守ることで、友達と一緒に遊ぶ楽しさを味わえるような仲立ちをする。	○自分の持ち物や友達の持ち物がひとつずつわかり始め、友達を意識しながら遊んだり行動したりできるようにする。
教育	健康	○手洗い、手拭きを自分でする。	○外遊びやトイレの後の手洗を自分でする。	○戸外から帰ったらうがいをする。	○鼻水がでたら自分で拭きとる。
	人間関係	○保育者や友達と、安定した仲間の中で過ごす。	○保育者に気持ちを受け止めてもらいながら、少しずつ他者との関わりを持てるようにする。	○ぶつかり合いを経験することで、相手の要求にも気づいていけるようにする。	○簡単なごっこ遊びやルールの相手を意識し、共通の遊びを進めようとする。
	環境	○自分の持ち物やロッカーに興味を覚える。	○水遊びなど夏ならではの遊びを楽しむ。	○外遊びで自然を体験し働きかける。 ○簡単な数、色、形の違いを理解したりする。	○身近な玩具に親しみで遊び、それを使って友達とごっこ遊びを楽しむ。
	言葉	○絵本や紙芝居を保育者と一緒に楽しむ。	○絵本を楽しみ中で、言葉を覚える。	○身の回りの色々な物の名前を覚える。	○質問に答えたり、挨拶したりする。
	表現	○ハサミ、糊、クレヨン等の使い方を覚える。	○全身を使って踊ったり、走ったりする。	○給本の登場人物や動物の真似をして遊ぶ。	○保育者と一緒に工作を楽しむ。
食育		○楽しい雰囲気の中で適量を食べる。	○よく噛んで最後まで食べるようにする。	○苦手なものでも食べてみるようにする。	○箸の使い方を覚える。
健康・安全		○避難訓練（毎月）	○避難訓練（毎月）	○避難訓練（毎月）	○避難訓練（毎月）
環境設定		○いろいろな玩具、絵本を用意する。	○ゆっくりとくつろげる場所を用意する。	○秋の自然物の飾りを集め、遊べるようにする。	○室温を保ち、換気を十分にする。
配慮事項		○新入園児は、保育士や園から離れられないこともあるので、しっかり寄り添い、気持ちを受け止める。	○暑さで疲れやすくなっているので、休息や水分を十分にとる。	○手洗いうがいの習慣がつくよう毎日丁寧に行う。	○一人一人の育ちを見極め、遊びへの興味や生活習慣の発達課題を再確認する。
保護者等への支援		○れんらくノートやお迎えの時間等を利用して、園での様子を伝え安心感を持ってもらう。	○あせも、プール熱など夏に多い病気の症状や対応策を伝える。	○体調や気候に合わせて、調節やすい状態を用意してもらうよう伝える。	○発達や成長の様子を伝え合って喜び、次年度へつなげていけるよう援助方法等を伝えていく。
行事		○節句/遠足/お誕生日会	○七夕/お誕生日会	○運動会/お誕生日会	○クリスマス会/お誕生生日会

【週案日誌】

　　　　　　　　　　　　　　　　　　　月　　　ひよこ　組

今週のねらい		
日(曜日)	保育計画(0歳児)	保育計画(1.2歳児)
日（月）		
日（火）		
日（水）		
日（木）		
日（金）		
日（土）		
保護者支援		

月　日（月）曜日・天候	保育開始時間　： 保育終了時間　：	出席数 人	欠席数 人	欠席児童名(理由)	記録者 安全点検	□異常有 （　　　） □異常無
	本日のねらい			[特記事項(個人記録)]		
	保育の内容（記録）			[評価・反省]		

月　日（火）曜日・天候	保育開始時間　： 保育終了時間　：	出席数 人	欠席数 人	欠席児童名(理由)	記録者 安全点検	□異常有 （　　　） □異常無
	本日のねらい			[特記事項(個人記録)]		
	保育の内容（記録）			[評価・反省]		

資料

日付				出席数	欠席数	欠席児童名(理由)	記録者	
月 日 (水) 曜日・天候	保育開始時間	:		人	人		安全点検	□異常有(　　　) □異常無
	保育終了時間	:						
	本日のねらい					[特記事項(個人記録)]		
	保育の内容(記録)					[評価・反省]		
月 日 (木) 曜日・天候	保育開始時間	:		人	人		安全点検	□異常有(　　　) □異常無
	保育終了時間	:						
	本日のねらい					[特記事項(個人記録)]		
	保育の内容(記録)					[評価・反省]		
月 日 (金) 曜日・天候	保育開始時間	:		人	人		安全点検	□異常有(　　　) □異常無
	保育終了時間	:						
	本日のねらい					[特記事項(個人記録)]		
	保育の内容(記録)					[評価・反省]		
月 日 (土) 曜日・天候	保育開始時間	:		人	人		安全点検	□異常有(　　　) □異常無
	保育終了時間	:						
	本日のねらい					[特記事項(個人記録)]		
	保育の内容(記録)					[評価・反省]		

児童票（原簿）

		入園	年　月　日
		退園	年　月　日

フリガナ 児童氏名		男・女	〔生年月日〕 　　年　月　日生	血液型
フリガナ 保護者氏名		〔続柄〕	〔現住所〕 　　　　自宅電話（　　　　　　　）	

家族及び同居者の状況	氏　名	続　柄	生年月日	勤務先名・在学校名	備考

在籍記録

	年　度	年度	年度	年度	年度	年度	年度
	クラス名	組 （0歳児）	組 （1歳児）	組 （2歳児）	組 （3歳児）	組 （4歳児）	組 （5歳児）
	担　任						
	施設長						

欠席日数

年度	4月	5月	6月	7月	8月	9月	10月	11月	12月	1月	2月	3月	合計	開園日数
年度														
年度														
年度														
年度														
年度														
年度														

身体の発育

			4月	5月	6月	7月	8月	9月	10月	11月	12月	1月	2月	3月
年度 　　才	身長	cm												
	体重	kg												
年度 　　才	身長	cm												
	体重	kg												
年度 　　才	身長	cm												
	体重	kg												
年度 　　才	身長	cm												
	体重	kg												
年度 　　才	身長	cm												
	体重	kg												
年度 　　才	身長	cm												
	体重	kg												

資料

妊娠・出産・乳児期

出産(母　　才、結婚後　　年目、第　　子)	妊娠中の病気・異常・事故(　　　　)
出産(安産・難産・かん子分べん・仮死・早産　　ヵ月・体重　　g)	
授乳(母乳・人工・混合)　離乳開始(　ヵ月)　離乳完了(　ヵ月)　首のすわり(　ヵ月)	
人見知り　有・無(　ヵ月)　　　座位(　ヵ月)　　　ハイハイ(　ヵ月)	
歩きはじめ(　歳　ヵ月)　　片ことのはじめ(　歳　ヵ月)	

予防接種（入園前・入園後ともに実施年月・歳月を記入）

Ｈｉｂ	年　月(　歳　月)	日本脳炎	年　月(　歳　月)
肺炎球菌	年　月(　歳　月)	流行性耳下腺炎	年　月(　歳　月)
ＢＣＧ	年　月(　歳　月)	水痘	年　月(　歳　月)
四種混合	年　月(　歳　月)	ロタウイルス	年　月(　歳　月)
三種混合	年　月(　歳　月)	Ｂ型肝炎	年　月(　歳　月)
ポリオ	年　月(　歳　月)	インフルエンザ	年　月(　歳　月)
ＭＲ	年　月(　歳　月)		

感染症等の罹患状況（入園前・入園後ともに発病年月・歳月を記入）

水痘	年　月(　歳　月)	流行性角結膜炎	年　月(　歳　月)
流行性耳下腺炎	年　月(　歳　月)	溶連菌感染症	年　月(　歳　月)
麻疹	年　月(　歳　月)	咽頭結膜熱	年　月(　歳　月)
風疹	年　月(　歳　月)	インフルエンザ	年　月(　歳　月)
	年　月(　歳　月)		年　月(　歳　月)

主な既往症と特記事項

アレルギー無・有(　　　　　　　　　　　　　　　　　　　　　　　　)
けいれん　無・有(　　　　　　　　　　　　　　　　　　　　　　　　)

※　健康診断結果については、別紙のとおり

ラ・フェリーチェ保育園うさぎ組 共同利用協定書

＿＿＿＿＿＿＿＿＿＿＿＿＿＿＿＿＿＿（以下「甲」）と特定非営利活動法人つくばハーモニー（以下「乙」）は、ラ・フェリーチェ保育園うさぎ組（以下「保育園」）について、次のとおり共同利用の協定を締結する。

（目的）
第1条　この協定は保育園の設置及び運営に関し、必要な事項を定めるものとする。

（保育園の所在地）
第2条　保育園の所在地は、茨城県つくば市研究学園 5-6-3 とする。

（保育園の設置目的及び利用者）
第3条　この保育園は甲及び乙の従業員の福利厚生を目的として設置し従業員枠を設ける。
　　2　甲以外に他の共同利用事業者が存し、利用枠に空きがある場合は、他の共同利用事業者が利用可能とする。
　　3　地域枠の利用は、原則として従業員以外の地域の子どもの利用とするが、定員に余裕がある場合には従業員が利用できるものとする。
　　4　従業員枠、地域枠の定員設定は重要事項説明書の通りとする。

（保育園の設置と運営）
第4条　この保育園は、乙が設置・運営し、甲が設置費ならびに運営費を負担することは一切ない。

（協定期間）
第5条　この協定の有効期間は、平成30年4月1日から平成31年3月31日までとする。ただし、期間満了前に甲、乙両者においてこの協定内容に意義のないときは、更に1年間有効期間を延長するものとし、以降も同様とする。

（重要事項説明書）
第6条　この協定書に定めるもののほか必要な事項については、重要事項説明書に記載する。

（その他）
第7条　この協定書ならびに重要事項説明書に記載のない事項については、甲、乙両者の協議に基づいて決定する。

この協定の締結を証するため、本協定書2通を作成し、甲及び乙が記名押印の上、各自その1通を保有する。

　　平成　　　年　　　月　　　日

　　（甲）　住　　所

　　　　　　法 人 名

　　（乙）　住　　所　　茨城県つくば市研究学園 5-6-3

　　　　　　法 人 名　　特定非営利活動法人つくばハーモニー

企業主導型保育施設ラ・フェリーチェ保育園うさぎ組 利用申請書

　　　　　　　　　　　　　　　　　(以下「甲」) は、雇用する　　　　　　　　　　　　　　　　(以下「職員」) の申し入れに基づき、特定非営利活動法人つくばハーモニーが運営するラ・フェリーチェ保育園うさぎ組（以下「保育園」）に職員の監護する乳幼児又は幼児の利用を申請する。

(実施要項)
　この申請は、内閣府の企業主導型保育事業補助金実施要項の趣旨に基づく。

(保育園の所在地)
　保育園の所在地は、茨城県つくば市研究学園 5-6-3 とする。

(利用定員・費用負担)
　保育園の利用定員と費用負担は、保育園が発行する「重要事項説明書」で定める。
　また甲は、保育園に対して財政負担、便宜供与を行わない。

(利用期間)
　この申請により職員が保育園を利用できる期間は、職員の監護する乳幼児又は幼児の小学校就学前までの期間とする。

(その他)
　この申請ならびに重要事項説明書に記載のない事項については、甲と職員、保育園の協議に基づいて決定する。

　　平成　　　年　　　月　　　日

　　（甲）　　住　　所

　　　　　　　法　人　名　　　　　　　　　　　　　　　　　印

　　（職員）　住　　所

　　　　　　　氏　　名　　　　　　　　　　　　　　　　　　印

資料

企業主導型保育施設ラ・フェリーチェ保育園うさぎ組 利用受託書

　　　　＿＿＿＿＿＿＿＿＿＿＿＿＿＿＿様

　平成 30 年 3 月 15 日付で申請がありました、ラ・フェリーチェ保育園うさぎ組（以下「保育園」）への貴団体職員＿＿＿＿＿＿（以下「職員」）の監護する乳幼児又は幼児の利用申請を下記の条件で受託いたします。

記

- この受託は、内閣府の企業主導型保育事業補助金実施要項の趣旨に基づく。
- 保育園の所在地は、茨城県つくば市研究学園 5-6-3 とする。
- 保育園の利用定員と費用負担は、保育園が発行する「重要事項説明書」で定める。また申請した企業・団体に対して保育園は、財政負担、便宜供与保を一切求めない。
- この受託により保育園を利用できる期間は、職員の監護する乳幼児又は幼児の小学校就学前までの期間とする。
- この受託書ならびに重要事項説明書に記載のない事項については、貴団体と職員及び保育園の協議に基づいて決定する。
- この申請及受託を証するため、申請書および受託書を 2 通作成し、各自その 1 通を保有する。

以上

平成 30 年 3 月 16 日

　茨城県つくば市研究学園 5-6-3
　特定非営利活動法人つくばハーモニー　　　　　印
　理 事 長　　髙 橋　晃 雄

保護者記入欄

児童名		生年月日	年　　月　　日
児童名		生年月日	年　　月　　日

事業所記入欄

勤　務　証　明　書

平成　　年　　月　　日

特定非営利活動法人つくばハーモニー　理事長　殿

　　　　　　　　　　　　　　　事業所名
　　　　　　　　　　　　　　　代表者名　　　　　　　　　　　　印
　　　　　　　　　　　　　　　所　在　地
　　　　　　　　　　　　　　　電話番号

下記について事実と相違ないことを証明します。

就労者氏名	
就労者住所	
雇用期間	年　　月　　日　～
雇用形態	□正社員　□パート　□派遣　□その他（　　　）
勤務時間	時　　分　～　　時　　分
勤務日	□月　□火　□水　□木　□金　□土　□日　□祝祭日　□シフト制
勤務日数	日間／月
育児休業期間	□無　□有（期間　年　月　日　～　年　月　日）
収入額	基本給　　　　円／月
備考欄	

資料

索引

あ

アクション	133
アレルギー対応マニュアル あれるぎーたいおうまにゅある	142
一級建築士　いっきゅうけんちくし	100
医務室　いむしつ	31
運営費　うんえいひ	19、74
A型　えーがた	27
NPO法人　えぬぴーおーほうじん	42
応募申請　おうぼしんせい	54
応募要件　おうぼようけん	63

か

価格破壊　かかくはかい	106
株式会社　かぶしきかいしゃ	42
監査　かんさ	86
管理者　かんりしゃ	126、130
企業主導型保育　きぎょうしゅどうがたほいく	12、15、24、66
協定書　きょうていしょ	191
共同設置・共同利用型　きょうどうせっち・きょうどうりようがた	68
共同利用協定書　きょうどうりようきょうていしょ	191
勤務証明書　きんむしょうめいしょ	195
金融公庫　きんゆうこうこ	51
クッションフロア	85
公益財団法人児童育成協会　こうえきざいだんほうじんじどういくせいきょうかい	66
公園　こうえん	47
工業団地　こうぎょうだんち	90
公募　こうぼ	62
公立　こうりつ	10
子育て支援員　こそだてしえんいん	27
子ども・子育て会議　こどもこそだてかいぎ	60
子ども・子育て拠出金　こどもこそだてきょしゅつきん	12
子ども・子育て支援新制度　こどもこそだてしえんしんせいど	11

さ

サービス残業　さーびすざんぎょう	120
採光　さいこう	49
3歳の壁　さんさいのかべ	14、98
自園調理　じえんちょうり	29
事業所内保育　じぎょうしょないほいく	72
資金繰り　しきんぐり	52
資金計画　しきんけいかく	51
資金調達　しきんちょうたつ	92
施設整備費　しせつせつびひ	19、74
事前協議　じぜんきょうぎ	54
自然体験活動推進協議会　しぜんたいけんかつどうすいしんきょうぎかい	127
実習　じっしゅう	132
児童育成協会　じどういくせいきょうかい	66
指導計画　しどうけいかく	120、182
事務室　じむしつ	31
小規模保育　しょうきぼほいく	12、13、24、26
処遇改善加算　しょぐうかいぜんかさん	116
処遇改善加算2　しょぐうかいぜんかさんに	117
職務分野別リーダー　しょくむぶんやべつりーだー	117
助成金　じょせいきん	12
私立　しりつ	10
人件費　じんけんひ	37
申請書類　しんせいしょるい	57
新制度　しんせいど	11
税理士　ぜいりし	51
洗濯機　せんたくき	33

た

待機児童　たいきじどう	13
対人関係　たいじんかんけい	125
耐震基準法　たいしんきじゅんほう	49
代替地　だいたいち	47
タイムスケジュール	55
立ち上げ期間　たちあげきかん	80
ダブルシンク	30

男性保育士　だんせいほいくし	134
単独設置型　たんどくせっちがた	68
弾力的運用　だんりょくてきうんよう	70
地域型保育　ちいきがたほいく	12、13、18
地域区分　ちいきくぶん	20
地域住民　ちいきじゅうみん	44
地域枠　ちいきわく	69
地方自治体　ちほうじちたい	21
調理室　ちょうりしつ	30
提案型　ていあんがた	42
定員　ていいん	28
トイレ	30
同意　どうい	44

な

日本政策金融公庫　にほんせいさくきんゆうこうこ	51
入札　にゅうさつ	61
入所案内　にゅうしょあんない	55
認可外保育施設　にんかがいほいくしせつ	10、72
認可外保育施設指導監督基準　にんかがいほいくしせつしどうかんとくきじゅん	17
認可保育施設　にんかほいくしせつ	10
認定こども園　にんていこどもえん	11

は

配置図　はいちず	101
ハイブリッド	105
早番遅番　はやばんおそばん	122
ハローワーク	119
パンフレット	58
B型　びーがた	27
避難口　ひなんぐち	31
避難路　ひなろ	45
ヒヤリハット	127
副主任　ふくしゅにん	117
不動産屋　ふどうさんや	43
フリーランス	68
フローリング	85
プロポーザル型　ぷろぽーざるがた	42

平面図　へいめんず	100
ペーパーレス	109
ベビーベッド	32
変形労働制　へんけいろうどうせい	122
保育士　ほいくし	53、113、132
保育事業者設置型　ほいくじぎょうしゃせっちがた	68
保育施設　ほいくしせつ	10
保育室　ほいくしつ	32
保育士のキャリアアップ研修　ほいくしのきゃりああっぷけんしゅう	117
保育所　ほいくしょ	11
保育の質　ほいくのしつ	35
保育の量　ほいくのりょう	60
保育料　ほいくりょう	11、76
防災マニュアル　ぼうさいまにゅある	157
法人登記　ほうじんとうき	58
保健マニュアル　ほけんまにゅある	165
募集要項　ぼしゅうようこう	54
補助金　ほじょきん	12、18、74
補正予算　ほせいよさん	102
ほふく室　ほふくしつ	32
メンテナンス	84
沐浴施設　もくよくしせつ	33

ま・や・ら

融資　ゆうし	51
幼児教育　ようじきょういく	39
幼稚園　ようちえん	11
ラ・フェリーチェ保育園　ら・ふぇりーちぇほいくえん	97
リアクション	133
離職率　りしょくりつ	114
リスク管理　りすくかんり	126
立体図　りったいず	101
立地　りっち	34、39
利用申請書　りようしんせいしょ	193
緑道　りょくどう	47
連携施設　れんけいしせつ	14
連携推進員　れんけいすいしんいん	75
ローテーション	122

あとがき

　私が経営する保育施設が0〜2歳は小規模保育、3〜5歳は企業主導型保育というハイブリッド保育園になってから、私自身増えたものが3つあります。それは、収入と体重と読書量です。

　小規模保育施設には、管理者設置加算という園長手当にあたるものが毎月地方自治体から給付されます。本園の場合、子ども1人当たり月額27,570円です。これに在園児数19人を掛けた52万円あまりが月収の基本分となりました。

　体重は、1年間で約7キロ増えました。事務作業が大幅に増えて、子ども達と毎日の外遊びに行けなくなり、また間食が多くなったのが理由です。

　収入がどんどん増えるのはありがたいことですが、体重はそうもいきません。そのうちに体重増加と筋力低下で若い時にスキーで痛めた膝に違和感を感じるようになりました。そこで楽に筋力を鍛えられるという触れ込みの振動する健康器具を購入して、園長室で毎日15分使っています。体重は、現状維持ですが膝の違和感はなくなりました。また先日、子ども達の体験活動の下見に保育園からよく見える460mの宝篋山(ほうきょう)に登っても筋肉痛になりませんでした。

　また事務仕事が一段落すると本を読むのが習慣になってしまい、この1年間で100冊以上読破しました。

　保育園での経験と結び付いて印象に残った本が2冊あります。『ヒューマン　なぜヒトは人間になれたのか』(NHKスペシャル取材班／角川書店)と『言ってはいけない　残酷すぎる真実』(橘 玲／新潮社)です。『ヒューマン』は、人類がホモ・サピエンスになってからの20万年を振り返り、心理学、遺伝子学、経済学、脳科学から「心の進化」を追いかける本です。人間はもともと集団で子育てをし、離乳した子どもの面倒

を見ていたのは、少し年上の子どもだったようです。そう考えると母親の子育て中の不安や、異年齢保育での子ども達の関係性に納得がいきます。さらに保育園こそが人間にとって最適な保育環境であるという自信につながりました。

『言ってはいけない』のなかで著者は、「人間の知能に関する環境と遺伝の議論では、無条件に環境をすべての理由にしたがる。それは、知能が生き残るために必要なものであり、それが遺伝だと社会が不平等になってしまうからだ。しかし研究から知能は遺伝がほとんどだ、非科学的な環境論に左右されず、言ってはいけない真実から目をそらさないことが、適切な対処を施すことが大事」と言っています。具体的には、論理的推論能力の遺伝率は68％。知能指数の遺伝率は77％であり、生まれつき持っている能力は、平等ではないということです。また、その能力を開花させるには、環境の影響も大きいと著者は言っています。

保育園で多くの親子に接して、なんとなく感じていたことですが認めたくないことでもあります。しかし、著者が言うように真実から目をそらさないこと、ありのままの子どもたちの姿を受け入れて、そのうえで適切な対処を施すことが保育に携わる私たちに大事であることは間違いありません。

たとえば幼児教育ならば、子どもの能力差を考慮して1人ひとりの進み方に合わせた指導が必要です。本園の3〜5歳児は混合保育で在園児は20人です。3歳からテキストを使った幼児教育を始めているのですが、個人差が大きいために先生が3名必要です。

また毎年「四季の小貝川保育園」という事業名で河川基金の助成を受けて、河川林や砂浜など豊かな自然環境が残っている小貝川で春から冬にかけて、魚とりや昆虫採集、川遊び、Eボート川下りなどの自然体験活動を毎月行っています。こうしたプログラムを維持するためにも定数以上の保育士配置は必要になります。

勿論、認可保育施設であれ企業主導型保育施設であれ本園のような幼

児教育や野外体験活動をしなくてはならない義務はありませんし、経費もばかになりません。自然体験活動には、リスクも伴います。

　それでも本園が自然体験活動を続ける理由は2つあります。1つは、能力差を考慮した幼児教育と野外体験活動には、目に見える効果があること。2つめは、来るべき保育園過当競争時代に備えた差別化であり、競争力の強化でもあるのです。

　実際に保育施設を始める前には、園の特色を考え、差別化していくことは難しいかもしれません。まずは保育施設の運営に慣れ、運営が軌道に乗ってきたら、よりその施設の長所を生かせるような方向を、日々の業務の中で考えながら進めていくのがいいでしょう。そして少しずつ、理想とする保育園の形に近づいて行ってください。

　まずは、始めてみることです。この本がそのきっかけの1つとなってくれれば、嬉しく思います。

子どもの笑顔と安定経営が両立する
保育事業の始め方

2018年7月18日　初版発行
2021年1月2日　2刷発行

著者	髙橋晃雄（たかはし　あきお）
編集	川口妙子
	株式会社新紀元社 編集部
デザイン・DTP	株式会社明昌堂
発行者	福本皇祐
発行所	株式会社新紀元社
	〒101-0054　東京都千代田区神田錦町1-7 錦町一丁目ビル2F
	TEL：03-3219-0921
	FAX：03-3219-0922
	http://www.shinkigensha.co.jp/
	郵便振替　00110-4-27618
印刷・製本	中央精版印刷株式会社

ISBN978-4-7753-1609-2
定価はカバーに表示してあります。
Printed in Japan